사자성어 익히며
따라쓰기

사자성어 익히며 따라쓰기

초판 1쇄 발행 2023년 12월 15일

편저자 편집부
펴낸이 이환호
펴낸곳 나무의꿈

등록번호 제 10-1812호
주 소 서울시 마포구 잔다리로 77 대창빌딩 402호
전 화 02)332-4037 팩 스 02)332-4031

ISBN 979-11-92923-02-4(13710)

머리말

◉ 세상을 바라보는 지혜의 눈

사자성어(四字成語)는 한자 네 자로 이루어진 한자성어로 교훈이나 유래를 담고 있어, 현대를 살면서 반드시 알아두고 익혀야 할 지혜의 눈이다. 비록 짧은 어구(語句)지만 그 속에는 선인들의 지혜가 번뜩이는 가운데 우리가 배워야 할 인생의 참의미가 담겨 있다.

그리고 가장 많이 사용되는 기초 한자를 익힐 수 있다.

사자성어는 고사성어와 더불어 오랫동안 우리 일상생활 속에 뿌리박혀 활용되어 왔다. 그러므로 각종 시험과 퀴즈에 빈도 높게 출제되고 있다.

◉ 청소년의 어휘와 문해력을 높여주는 사자성어

꼭 알고 반드시 숙지해야 할 사자성어를 사전적으로 구성하여 접근성을 높였다. 일상생활에서 이 교재를 가까이 두고 한눈에 익혀가는 동안 어느새 세상을 바라보는 지혜의 눈이 번쩍 떠져 있음을 재발견하게 될 것이다.

다른 공부와 마찬가지로 한자를 익히는 방법에는 왕도가 없다. 한자를 익히는 기본은 많이 보고, 많이 쓰고, 자주 접하는 것이 최고의 지름길이다.

부디 이 사자성어 익히며 따라쓰기 교본으로 한자(漢字)를 익히는 분들에게 조금이나마 보탬이 되기를 바란다.

| 한자(漢字)의 결구법(結構法) |

▶ 한자의 꾸밈은 대체적으로 다음 여덟 가지로 나눈다.

扁변	旁방	冠관 沓답	垂수	構구	繞요	單獨 단독

扁	작은 扁을 위로 붙여 쓴다.	堤	端	唯	時	絹
	다음과 같은 변은 길게 쓰고, 오른쪽을 가지런히 하며, 몸(旁)에 비해 약간 작게 양보하여 쓴다.	係	防	陳	科	號
		般	婦	賦	精	諸
旁	몸(旁)은 변에 닿지 않도록 한다.	飮	服	視	務	敎
冠	위를 길게 해야 될 머리.	苗	等	옆으로 넓게 해야 될 머리.	富	雲
沓	받침 구실을 하는 글자는 옆으로 넓혀 안정되도록 쓴다.	魚	忠	愛	益	醫
垂	윗몸을 왼편으로 삐치는 글자는 아랫부분을 조금 오른쪽으로 내어 쓴다.	原	府	庭	虎	屋
構	바깥과 안으로 된 글자는 바깥의 폼을 넉넉하게 하고, 안에 들어가는 부분의 공간을 알맞게 분할하여 주위에 닿지 않도록 쓴다.	圓	國	園	圖	團
		向	門	問	間	聞
繞	走 는 먼저 쓰고	起	辶 又	는 나중에 쓰며, 대략 네모가 되도록 쓴다.		進

| 한자(漢字)를 쓰는 일반적인 순서 |

1. 위에서 아래로

   위를 먼저 쓰고, 아래는 나중에 : ﹃ ﹄ 三　﹁ 丁 工

2. 왼쪽서 오른쪽으로

   왼쪽을 먼저, 오른쪽을 나중에 : 丿 刂 川　丿 亻 仁 代 代

3. 밖에서 안으로

   둘러싼 밖을 먼저, 안을 나중에 : 丨 冂 日 日　丨 冂 冂 冊 田

4. 안에서 밖으로

   내려 긋는 획을 먼저 쓰고, 삐침을 나중에 : 亅 刂 小　﹁ 二 于 示

5. 왼쪽 삐침을 먼저

   1) 삐침이 있을 경우 : 亅 刂 小　﹁ 十 土 耂 赤

   2) 삐침 사이에 세로획이 없는 경우 : 乛 乛 尸 尺　丶 二 六 六

6. 세로획을 나중에

   위에서 아래로 내려 긋는 획을 나중에 : 丶 冂 口 中　丨 冂 日 日 甲

7. 가로 꿰뚫는 획은 나중에

   가로 획을 나중에 쓰는 경우 : 乚 女 女　乛 了 子

8. 오른쪽 위의 점은 나중에

   오른쪽 위의 점은 맨 나중에 찍음 : 一 ナ 大 犬　一 二 チ 王 式 式

9. 책받침은 맨 나중에(起와 勉은 먼저 씀) : 厂 斤 斤 斤 近 近　八 쓰 쑹 쑺 送 送

10. 가로 획을 먼저

    가로 획과 세로획이 교차하는 경우 : 一 十 十 古 古　一 十 卄 世 共 共

11. 세로획을 먼저

    1) 세로획을 먼저 쓰는 경우 : 丨 冂 由 由 由　丨 冂 冂 冊 田

    2) 둘러싸여 있지 않은 경우는 가로 획을 먼저 쓴다 : 一 丁 干 王　丶 二 十 王 主

12. 가로 획과 왼쪽 삐침(삐침이 짧고 가로획이 길면 삐침을 먼저, 삐침이 길고 가로 획이 짧으면 가로 획을 먼저 쓴다.)

    1) 가로 획을 먼저 쓰는 경우 : 一 ナ 才 布 左　一 ナ 扌 在 在 在

    2) 위에서 아래로 삐침을 먼저 쓰는 경우 : 一 ナ 右 右 右　一 ナ 才 布 有 有

   ▶ 여기에서의 漢字 筆順은 例外의 것들도 많지만 대개 一般的으로 널리 쓰이는 것임.

家鷄野雉 가계야치

'집에서 키우는 닭보다 들에 있는 꿩을 탐낸다'는 뜻으로, 집안에 있는 귀한 것을 버리고 밖에 있는 쓸데없는 것을 탐함.

家	家	家	家						
집 가	宀 宀 宁 宇 家 家								
鷄	鷄	鷄	鷄						
닭 계	爫 爰 郛 鷄 鷄 鷄								
野	野	野	野						
들 야	日 甲 里 野 野 野								
雉	雉	雉	雉						
꿩 치	匕 矢 矢 矢 雉 雉								

街談巷說 가담항설

길거리나 항간에 떠도는 소문. 세상의 하찮은 이야기나 뜬소문.

街	街	街	街						
길거리 가	彳 彷 往 往 街 街								
談	談	談	談						
이야기 담	言 言 言 談 談 談								
巷	巷	巷	巷						
거리 항	一 廿 芈 共 共 巷								
說	說	說	說						
말씀 설	言 言 言 設 設 說								

假弄成眞 가롱성진

'농담이나 실없이 한 말이 참말 된다'는 뜻으로, 처음에 장난삼아 실없이 한 말이 진심으로 한 것 같이 정말로 된다는 뜻.

假	假	假	假					
거짓 가		亻 亻 仴 仴 仴 假						
弄	弄	弄	弄					
희롱할 롱		一 二 千 王 弄 弄						
成	成	成	成					
이룰 성		厂 厂 厉 成 成 成						
眞	眞	眞	眞					
참 진		一 匕 匕 直 直 眞						

佳人薄命 가인박명

'미인은 명이 짧다'는 뜻으로, 용모가 너무 아름답고 재주가 많으면 불행해지거나 명이 짧음.

佳	佳	佳	佳					
아름다울 가		亻 亻 仹 佳 佳 佳						
人	人	人	人					
사람 인		丿 人						
薄	薄	薄	薄					
얇을 박		氵 萡 蒲 蒲 薄 薄						
命	命	命	命					
목숨 명		人 스 合 合 命 命						

刻苦勉勵 각고면려

어떤 일에 고생을 무릅쓰고 몸과 마음을 다하여, 무척 애를 쓰면서 부지런히 노력함.

刻	刻	刻	刻						
새길 각	` 一 亠 亥 亥 亥 刻 `								
苦	苦	苦	苦						
괴로울 고	` ㄗ ㄗ 丼 꿈 苦 苦 `								
勉	勉	勉	勉						
힘쓸 면	` ㇗ ㄠ 免 免 免 勉 `								
勵	勵	勵	勵						
힘쓸 려	` 厂 严 厝 厝 厲 勵 `								

刻骨難忘 각골난망

'뼈에 사무치도록 못 잊는다'는 뜻으로, 입은 은혜에 대한 고마움을 뼈에 새기어 결코 잊지 아니함.

刻	刻	刻	刻						
새길 각	` 一 亠 亥 亥 亥 刻 `								
骨	骨	骨	骨						
뼈 골	` 冂 冂 咼 骨 骨 骨 `								
難	難	難	難						
어려울 난	` 莒 莫 蓳 蕲 蘄 難 `								
忘	忘	忘	忘						
잊을 망	` 丶 亠 亡 产 忘 忘 `								

各樣各色 각양각색

여러 가지. 가지가지. 각기 다 다름.

各	各	各	各						
제각기 각	ノ 勹 夊 冬 各 各								
樣	樣	樣	樣						
모양 양	栏 栏 栏 样 樣 樣								
各	各	各	各						
제각기 각	ノ 勹 夊 冬 各 各								
色	色	色	色						
빛 색	ノ ク 幻 刍 刍 色								

角者無齒 각자무치

'뿔이 있는 짐승은 날카로운 이가 없다'는 뜻으로, 한 사람이 모든 재주나 복을 다 가질 수 없다는 말.

角	角	角	角						
뿔 각	ノ 夕 ク 角 角 角								
者	者	者	者						
놈 자	土 耂 耂 者 者 者								
無	無	無	無						
없을 무	ノ ト 二 無 無 無								
齒	齒	齒	齒						
이 치	ト 止 齿 齒 齒 齒								

各自爲政 각자위정
'저마다 스스로 정치를 한다'는 뜻으로, 사람이 각자 자기 멋대로 행동하며 딴마음을 먹음.

各	各	各	各				
제각기 각	ノ ク 久 冬 各 各						
自	自	自	自				
스스로 자	ノ イ 竹 白 自 自						
爲	爲	爲	爲				
할 위	ノ ノ ハ 广 爲 爲						
政	政	政	政				
정사 정	一 T 正 政 政 政						

刻舟求劍 각주구검
'뱃전에 잃어버린 칼을 표시한다'는 뜻으로, 판단력이 둔하고 어리석음. 곧 융통성이 없음.

刻	刻	刻	刻				
새길 각	一 亠 亥 亥 亥 刻						
舟	舟	舟	舟				
배 주	ノ イ 力 月 舟 舟						
求	求	求	求				
구할 구	一 十 寸 求 求 求						
劍	劍	劍	劍				
칼 검	스 숇 命 숲 僉 劍						

肝膽相照 간담상조

'간과 쓸개를 서로 내놓고 보인다'는 뜻으로, 서로 속마음을 터놓고 가까이 사귐.

肝	肝	肝	肝				
간 간	月 月 月 旷 旷 肝						
膽	膽	膽	膽				
쓸개 담	月 旷 旷 腔 胯 膽						
相	相	相	相				
서로 상	一 十 才 柯 和 相						
照	照	照	照				
비출 조	刀 日 旷 眇 照 照						

甘言利說 감언이설

'달콤한 말과 이로운 이야기'라는 뜻으로, 남의 비위에 맞도록 꾸민 달콤한 말과 이로운 조건을 내세워 남을 꾀하는 말.

甘	甘	甘	甘				
달 감	一 十 卄 甘 甘						
言	言	言	言				
말씀 언	丶 亠 亖 言 言 言						
利	利	利	利				
이로울 이	一 二 千 禾 利 利						
說	說	說	說				
말씀 설	言 言 言 訪 說 說						

感之德之 감지덕지

'이를 감사하게 생각하고 이를 덕으로 생각한다'는 뜻으로, 대단히 고맙게 여김.

感	感	感	感				
느낄 감	厂 厄 咸 咸 咸 感						
之	之	之	之				
갈 지	丶 亠 ㇆ 之						
德	德	德	德				
덕 덕	彳 彳 彿 德 德 德						
之	之	之	之				
갈 지	丶 亠 ㇆ 之						

甲男乙女 갑남을녀

'이 남자와 저 여자'라는 뜻으로, 신분이나 이름이 알려지지 아니한 평범한 사람을 일컫는 말.

甲	甲	甲	甲				
아무개 갑	丨 冂 冂 日 甲						
男	男	男	男				
남자 남	丨 冂 田 田 甼 男						
乙	乙	乙	乙				
저것 을	乙						
女	女	女	女				
여자 녀	乚 夊 女						

改過遷善 개과천선

'지난 허물을 고치어 착한(새로운) 사람이 되겠다'는 뜻으로, 과거의 허물을 고치고 옳은 길로 들어섬.

改	改	改	改				
고칠 개	ㄱ ㄹ ㄹ´ ㄹㄷ ㄹㄷ 改						
過	過	過	過				
지날 과	ㄇ ㄇ 咼 咼 過 過						
遷	遷	遷	遷				
옮길 천	西 覀 覀 票 署 遷						
善	善	善	善				
착할 선	ㅣ ㅛ 亖 羊 美 善						

開卷有益 개권유익

'책을 펴서 읽으면 반드시 이로움이 있다'는 뜻으로, 독서를 권장하여 일컫는 말.

開	開	開	開				
열 개	ㅣ ㄲ ㄲ 門 閂 開						
卷	卷	卷	卷				
책 권	' ㅛ 半 券 券 卷						
有	有	有	有				
있을 유	一 ナ 才 冇 有 有						
益	益	益	益				
더할 익	ㅅ ㅅㅅ 父 谷 谷 益						

擧世皆濁 거세개탁

'온 세상이 다 흐리다'는 뜻으로, 지위의 고하를 막론하고 모든 사람이 다 올바르지 아니함.

擧	擧	擧	擧				
들 거	舉 舉 御 舁 與 擧						
世	世	世	世				
세상 세	一 十 卅 世 世						
皆	皆	皆	皆				
다 개	´ ト 比 比 皆 皆						
濁	濁	濁	濁				
흐릴 탁	氵 沪 沪 濁 濁 濁						

居安思危 거안사위

'살기 편안한 때에는 위난이 닥칠 때를 생각한다'는 뜻으로, 재난에 대한 충분한 준비가 되어 있으면 화를 당하지 않음.

居	居	居	居				
살 거	尸 尸 尸 尸 居 居						
安	安	安	安				
편안할 안	` ` 宀 宀 安 安						
思	思	思	思				
생각 사	丶 冂 田 田 思 思						
危	危	危	危				
위태할 위	´ ㇓ 厃 产 危 危						

車載斗量 거재두량

'물건을 수레에 싣고 말로 된다'는 뜻으로, 물건이나 인재 등이 아주 흔함을 일컬음.

車	車	車	車					
수레 거		ー ㄇ ㄇ targe 百 亘 車						
載	載	載	載					
실을 재		一 吉 車 載 載 載						
斗	斗	斗	斗					
말(용량의 단위) 두		、 丶 二 斗						
量	量	量	量					
되 양		日 므 昌 昌 量 量						

乾木水生 건목수생

'마른 나무에서 물을 짜 내려한다'는 뜻으로, 엉뚱한 곳에서 불가능한 일을 이루려 함.

乾	乾	乾	乾					
마를 건		一 十 古 卓 乾 乾						
木	木	木	木					
나무 목		一 十 才 木						
水	水	水	水					
물 수		亅 刁 水 水						
生	生	生	生					
날 생		丿 ㄴ 牛 生 生						

隔世之感 격세지감

'아주 바뀐 다른 세상이 된 것 같은 느낌'이라는 뜻으로, 많은 진보나 변화를 겪어서 아주 딴 세상이나 또는 다른 세대처럼 여겨짐. 딴 세대와도 같이 아주 달라진 느낌.

隔	隔	隔	隔				
사이뜰 격	' ' 阝 阼 隔 隔 隔						
世	世	世	世				
세대 세	一 十 卅 世 世						
之	之	之	之				
갈 지	' 一 ヶ 之						
感	感	感	感				
느낄 감	厂 厃 咸 咸 咸 感						

牽強附會 견강부회

'억지로 끌어다 갖다 붙인다'는 뜻으로, 가당치 않은 말을 억지로 끌어다 붙여서 조건이나 이치에 맞추려고 우겨댐.

牽	牽	牽	牽				
끌 견	' 玄 峦 牽 牽 牽						
強	強	強	強				
굳셀 강	弓 弘 弹 強 強 強						
附	附	附	附				
붙일 부	阝 阝 阝 阝一 附 附						
會	會	會	會				
모을 회	人 合 命 侖 侖 會						

見利思義 견리사의

'이로움을 보면 의리를 생각하라'는 뜻으로, 눈앞에 이끗(재물의 이익이 되는 실마리)이 보일 때, 먼저 그것을 취하는 것이 의리에 합당한지를 생각하라는 말.

見	見	見	見					
볼 견	丨 冂 冃 目 貝 見							
利	利	利	利					
이로울 리	一 二 千 禾 利 利							
思	思	思	思					
생각할 사	丨 冂 田 田 思 思							
義	義	義	義					
옳을 의	丷 羊 美 義 義 義							

犬馬之勞 견마지로

'개나 말의 하찮은 수고'라는 뜻으로, 윗사람에게 바치는 자기의 노력을 낮추어 말할 때 쓰는 말.

犬	犬	犬	犬					
개 견	一 ナ 大 犬							
馬	馬	馬	馬					
말 마	丨 厂 冂 馬 馬 馬							
之	之	之	之					
갈 지	丶 一 フ 之							
勞	勞	勞	勞					
애쓸 로	丷 火 炏 炏 炏 勞							

見蚊拔劍 견문발검

'모기를 보고 칼을 뺀다'는 뜻으로, 하찮은 일에 너무 거창하게 덤빈다는 말.

見	見	見	見				
볼 견				ㅣ ㄇ ㅌ 目 貝 見			
蚊	蚊	蚊	蚊				
모기 문				ㅁ 中 虫 虾 蚊 蚊			
拔	拔	拔	拔				
뺄 발				扌 扌 扩 扐 拔 拔			
劍	劍	劍	劍				
칼 검				亼 合 合 侴 僉 劍			

見物生心 견물생심

물건을 보면 그것을 가지고 싶은 욕심이 생김을 일컬음.

見	見	見	見				
볼 견				ㅣ ㄇ ㅌ 目 貝 見			
物	物	物	物				
물건 물				亻 牛 牜 物 物 物			
生	生	生	生				
날 생				ノ 丿 牛 生 生			
心	心	心	心				
마음 심				丶 心 心 心			

見危授命 견위수명

'위험을 보면 목숨을 바친다'는 뜻으로, 나라의 위태로운 지경을 보고 목숨을 바쳐 나라를 위해 싸우는 것을 말함.

見	見	見	見					
볼 견	ㅣ ㄲ 月 目 貝 見							
危	危	危	危					
위태할 위	⺈ ⺈ ⺈ 产 危 危							
授	授	授	授					
줄 수	扌 扌 扩 护 授 授							
命	命	命	命					
목숨 명	人 人 合 合 命 命							

犬兔之爭 견토지쟁

'개와 토끼의 다툼'이라는 뜻. 쓸데없이 다투는 것으로, 양자의 싸움에서 제삼자가 이득을 봄.

犬	犬	犬	犬					
개 견	一 ナ 大 犬							
兔	兔	兔	兔					
토끼 토	⺈ ⺈ ⺈ 尹 免 兔							
之	之	之	之					
갈 지	` 一 ㇇ 之							
爭	爭	爭	爭					
다툴 쟁	⺈ ⺈ 爫 爫 争 爭							

結者解之 결자해지

'일을 맺은 사람이 풀어야 한다'는 뜻으로, 자기가 저지른 일에 대해서는 자기가 그 일을 해결해야 함.

結	結	結	結					
맺을 결	糸 糸 糸 紅 結 結							
者	者	者	者					
놈 자	土 少 尹 者 者 者							
解	解	解	解					
풀 해	角 角 角 解 解 解							
之	之	之	之					
갈 지	丶 一 ウ 之							

結草報恩 결초보은

'풀을 묶어서 은혜를 갚는다'는 뜻으로, 죽어 혼령이 되어서라도 은혜를 잊지 않고 갚음.

結	結	結	結					
맺을 결	糸 糸 糸 紅 結 結							
草	草	草	草					
풀 초	一 艹 艹 莒 草 草							
報	報	報	報					
갚을 보	土 幸 幸 報 報 報							
恩	恩	恩	恩					
은혜 은	冂 囝 因 因 恩 恩							

輕擧妄動 경거망동

'가볍고 망령되게 행동한다'는 뜻으로, (깊이 생각해 보지 않고) 경솔하게 함부로 행동함. 또는, 경솔한 행동.

輕	輕	輕	輕			
가벼울 경		百 亘 車 軒 輕 輕				
擧	擧	擧	擧			
들 거		臼 臼 與 與 與 擧				
妄	妄	妄	妄			
망령될 망		` 一 亡 亡 妄 妄				
動	動	動	動			
움직일 동		一 旨 重 重 動 動				

傾國之色 경국지색

'나라를 기울어지게 하는 미인'이라는 뜻으로, (임금이 혹하여 국정을 게을리 함으로써 나라를 위태롭게 할 정도로) 아름다운 미녀. 썩 빼어난 절세의 미인을 일컬음.

傾	傾	傾	傾			
기울 경		亻 亻 化 佢 傾 傾				
國	國	國	國			
나라 국		冂 冋 國 國 國 國				
之	之	之	之			
갈 지		` 一 ㇇ 之				
色	色	色	色			
빛 색		′ ⺈ 夕 刍 负 色				

經國之才 경국지재

나랏일을 경영할 만한 능력. 또는 그런 능력을 가진 사람.

經	經	經	經						
날(경영할) 경		幺 纟 糸 [illegible] [illegible] 經							
國	國	國	國						
나라 국		冂 冋 國 國 國 國							
之	之	之	之						
갈 지		丶 亠 ㇇ 之							
才	才	才	才						
재주 재		一 十 才							

敬而遠之 경이원지

'존경하기는 하되 가까이 하지는 아니한다'는 뜻으로, 겉으로는 공경하는 체하면서 가까이 하지는 아니함. 꺼리어 멀리함.

敬	敬	敬	敬						
공경할 경		亠 卝 苟 苟 [illegible] 敬							
而	而	而	而						
어조사 이		一 丆 [illegible] 丙 [illegible] 而							
遠	遠	遠	遠						
멀 원		十 土 吉 [illegible] 袁 遠							
之	之	之	之						
갈 지		丶 亠 ㇇ 之							

驚天動地 경천동지

'하늘을 놀라게 하고 땅을 움직이게 한다'는 뜻으로, 세상을 깜짝 놀라게 함.

驚	驚	驚	驚				
놀랄 경	苟 敬 敬 敬 驚 驚						
天	天	天	天				
하늘 천	一 二 チ 天						
動	動	動	動				
움직일 동	二 台 重 重 動 動						
地	地	地	地				
땅 지	一 十 土 扩 圳 地						

鷄口牛後 계구우후

'닭의 부리가 될지언정 소의 꼬리는 되지 말라'는 뜻으로, 큰 단체의 꼴찌보다는 작은 단체의 우두머리가 되라는 말.

鷄	鷄	鷄	鷄				
닭 계	조 溪 劉 鄃 鷄 鷄						
口	口	口	口				
입 구	丨 冂 口						
牛	牛	牛	牛				
소 우	ノ 二 二 牛						
後	後	後	後				
뒤 후	ノ ノ 彳 徉 徉 後 後						

鷄群一鶴 계군일학

'무리지어 있는 닭 가운데 있는 한 마리의 학'이라는 뜻으로, 여러 평범한 사람들 가운데 있는 뛰어난 한 사람을 일컬음.

鷄	鷄	鷄	鷄					
닭 계		至 奚 奚′ 鷄ᵖ 鷄 鷄						
群	群	群	群					
무리 군		尹 君 君′ 君ʳ 群ʳ 群						
一	一							
한 일		一						
鶴	鶴	鶴	鶴					
학 학		隹 隺′ 鶴ᵖ 鶴ᵖ 鶴 鶴						

鷄卵有骨 계란유골

'계란에도 뼈가 있다'는 뜻으로, 운수가 나쁜 사람은 모처럼 좋은 기회를 만났어도 역시 일이 잘 안 될 때를 일컬음. 공교롭게도 일에 마가 낀다(방해됨)는 말.

鷄	鷄	鷄	鷄					
닭 계		至 奚 奚′ 鷄ᵖ 鷄 鷄						
卵	卵	卵	卵					
알 란		′ ｌ ｌ′ 卯 卵 卵						
有	有	有	有					
있을 유		一 ナ 才 有 有 有						
骨	骨	骨	骨					
뼈 골		ｌ ｌ′ ｌ′′ 骨 骨 骨						

鷄鳴狗盜 계명구도

'닭의 울음소리를 잘 내는 사람과 개의 울음소리 흉내를 잘 내는 좀도둑'이라는 뜻으로, 천한 재주를 가진 사람도 때로는 요긴하게 쓸모가 있음을 비유하여 일컬음.

鷄	鷄	鷄	鷄				
닭 계	平 奚 爭 雞 鷄 鷄						
鳴	鳴	鳴	鳴				
울 명	口 吖 吓 吶 鳴 鳴						
狗	狗	狗	狗				
개 구	犭 犭 豿 豿 狗 狗						
盜	盜	盜	盜				
도둑 도	氵 氵 次 盗 盜 盜						

孤軍奮鬪 고군분투

'외로운 군대가 힘겹게 적과 싸운다'는 뜻으로, 수가 적고 지원이 없는 외로운 군대가 힘겨운 적과 싸움. 또는, 홀로 여럿을 상대로 싸움.

孤	孤	孤	孤				
외로울 고	孑 孑 孤 孤 孤 孤						
軍	軍	軍	軍				
군사 군	冖 冒 冒 軍 軍 軍						
奮	奮	奮	奮				
떨칠 분	六 木 杰 奞 奮 奮						
鬪	鬪	鬪	鬪				
싸움 투	丨 ﾄ 門 門 鬪 鬪						

鼓腹擊壤 고복격양

'배를 두드리고 발을 구르며 흥겨워한다'는 뜻으로, 배를 두드리고 발을 구르며 요임금의 덕을 찬양하고
태평세월을 즐김. 생활의 아쉬움이 없이 풍족하고, 세상도 태평하여 백성들이 태평세월을(성대를) 누림.

鼓	鼓	鼓	鼓					
두드릴 고		± 吉 壴 鼓 鼓 鼓						
腹	腹	腹	腹					
배 복		月 膅 腶 脵 腹 腹						
擊	擊	擊	擊					
칠 격		車 車 軎 軗 軗 擊						
壤	壤	壤	壤					
흙 양		墡 墡 坤 壇 壤 壤						

姑息之計 고식지계

'아녀자나 어린이가 꾸미는 계책'이라는 뜻으로, 근본 해결책이 아닌 임시로 편한 것을 취하는 계책. 잠시
모면할 일시적인 방편.

姑	姑	姑	姑					
시어미 고		女 女 妒 妒 姑 姑						
息	息	息	息					
자식 식		亇 白 白 自 息 息						
之	之	之	之					
갈 지		﹅ 宀 㝫 之						
計	計	計	計					
꾀할 계		﹅ 宀 言 言 言 計						

苦肉之計 고육지계

'제 몸을 괴롭히면서까지 짜내는 계책'이라는 뜻으로, 적을 속이기 위해, 또는 어려운 사태를 벗어나기 위한 수단으로 제 몸을 괴롭히면서까지 짜내는 계책.

苦	苦	苦	苦				
쓸 고			⺊ ⺌ 丗 苩 芌 苦				
肉	肉	肉	肉				
몸 육			丨 冂 内 内 肉 肉				
之	之	之	之				
갈 지			﹑ ﹀ 귯 之				
計	計	計	計				
꾀할 계			﹑ ﹀ 言 言 言 計				

苦盡甘來 고진감래

'쓴 것이 다하면 단 것이 온다'는 뜻으로, 고생 끝에 낙이 옴을 일컬음.

苦	苦	苦	苦				
쓸 고			⺊ ⺌ 丗 苩 芌 苦				
盡	盡	盡	盡				
다할 진			盡 盡 肃 書 盡 盡				
甘	甘	甘	甘				
달 감			一 十 廿 甘 甘				
來	來	來	來				
올 래			一 ナ 才 办 來 來				

曲學阿世 곡학아세

'배운 학문을 굽혀 가며 세상에 아첨한다'는 뜻으로, 바른 길에서 벗어난 학문으로 시세나 권력자에게 아첨하여 인기를 얻으려는 언행을 함.

曲	曲	曲	曲					
굽을 곡	ㅣ 冂 內 冉 曲 曲							
學	學	學	學					
배울 학	ㅏ � 臼 卽 學 學							
阿	阿	阿	阿					
아첨 아	ㅣ 阝 阝 阿 阿 阿							
世	世	世	世					
세상 세	一 十 卅 卅 世							

骨肉相殘 골육상잔

'같은 혈육끼리 서로 해친다'는 뜻으로, 부자나 형제 등 혈연관계에 있는 사람끼리 서로 해치며 싸우는 일. 또는, 같은 민족끼리 해치며 싸우는 일.

骨	骨	骨	骨					
뼈 골	冎 冎 咼 骨 骨 骨							
肉	肉	肉	肉					
몸 육	ㅣ 冂 冂 內 肉 肉							
相	相	相	相					
서로 상	一 十 才 利 相 相							
殘	殘	殘	殘					
해칠 잔	歹 歹 孬 殍 殘 殘							

過恭非禮 과공비례
지나친 공손은 오히려 예의에 벗어남.

過	過	過	過				
허물 과		冂 冃 吊 咼 渦 過					
恭	恭	恭	恭				
공손할 공		共 芇 共 恭 恭 恭					
非	非	非	非				
아닐 비		ノ ナ ヲ 非 非 非					
禮	禮	禮	禮				
예도 례		礻 礻 祁 祀 禮 禮					

誇大妄想 과대망상
'자기의 위치를 사실보다 지나치게 높이 평가하는 망상'이라는 뜻으로, 자기의 현재 상태를 턱없이
과장해서 사실인 것처럼 믿는 생각을 일컬음.

誇	誇	誇	誇				
자랑할 과		言 言 診 診 誇 誇					
大	大	大	大				
큰 대		一 ナ 大					
妄	妄	妄	妄				
망령될 망		丶 亠 亡 亡 妄 妄					
想	想	想	想				
생각할 상		十 木 利 相 想 想					

過猶不及 과유불급

'정도를 지나침은 미치지 못함과 같다'는 뜻으로, 지나친 것이나 모자란 것이 다 좋지 않음. 중용의 중요함을 일컫는 말.

過	過	過	過						
지날 과	冂 冂 冎 咼 渦 過								
猶	猶	猶	猶						
오히려 유	犭 犷 狁 猶 猶 猶								
不	不	不	不						
아니 불	一 ア 不 不								
及	及	及	及						
미칠 급	ノ 丆 乃 及								

瓜田李下 과전이하

'오이밭에서 신을 고쳐 신지 말고, 오얏나무 아래서 갓을 고쳐 쓰지 말라'는 뜻으로, 남의 의심을 받기 쉬운 일은 하지 말라는 말.

瓜	瓜	瓜	瓜						
오이 과	ˊ 厂 爪 瓜 瓜								
田	田	田	田						
밭 전	丨 冂 m 田 田								
李	李	李	李						
오얏나무 이	一 十 木 本 李 李								
下	下	下	下						
아래 하	一 丅 下								

管鮑之交 관포지교

'관중과 포숙아와 같은 사귐'이라는 뜻으로, 매우 다정한 친구 사이. 또는 허물없는 교제.

管	管	管	管				
피리 관	^ ^ ^ ^ 管 管						
鮑	鮑	鮑	鮑				
절인 어물 포	^ ^ 亀 魚 魚 魚勹 鮑						
之	之	之	之				
갈 지	` 一 ラ 之						
交	交	交	交				
사귈 교	` 一 亠 六 亣 交						

矯角殺牛 교각살우

'쇠의 뿔을 바로잡으려다가 소를 죽인다'는 뜻으로, 결점이나 흠을 고치려는 일이 지나쳐 도리어 일을 그르침.

矯	矯	矯	矯				
바로잡을 교	矢 矢 矢 矯 矯 矯						
角	角	角	角				
뿔 각	′ ^ 勹 角 角 角						
殺	殺	殺	殺				
죽일 살	羊 杀 杀 殺 殺 殺						
牛	牛	牛	牛				
소 우	′ 一 二 牛						

巧言令色 교언영색

'말을 교묘하게 하고 얼굴빛을 꾸민다'이라는 뜻으로, 남의 환심을 사기 위해 교묘히 꾸며서 하는 말과 아첨하는 얼굴빛.

巧	巧	巧	巧				
공교할 교		ー 丁 エ エ 巧					
言	言	言	言				
말씀 언		丶 亠 言 言 言 言					
令	令	令	令				
명령 영		丿 人 스 今 令					
色	色	色	色				
빛 색		丿 ク ク 争 备 色					

膠柱鼓瑟 교주고슬

'비파나 거문고의 기둥을 아교풀로 고착시켜 버리면 한 가지 소리밖에 나지 않는다'는 뜻으로, 융통성이 없이 소견이 꽉 막힌 사람을 일컬음.

膠	膠	膠	膠				
아교 교		月 月' 月' 胛 胯 膠					
柱	柱	柱	柱				
기둥 주		十 オ オ 村 杆 柱					
鼓	鼓	鼓	鼓				
북 고		土 吉 壴 計 鼓 鼓					
瑟	瑟	瑟	瑟				
거문고 슬		王 珏 珏 瑟 瑟 瑟					

教學相長 교학상장

'가르치는 일과 배우는 일을 서로 길러준다'는 뜻으로, 가르치면서 배우고 배우는 자에게서도 가르침을 받는다는 말.

教	教	教	教					
가르칠 교	ㄨ ㈜ ㈜ ㈜ 敎 教							
學	學	學	學					
배울 학	ㅏ ㅌ ㄸ 段 與 學 學							
相	相	相	相					
서로 상	一 十 才 木 利 利 相							
長	長	長	長					
길 장	ㅣ ㄷ ㄷ 트 튼 長 長							

口角春風 구각춘풍

좋은 말재주로 남을 칭찬하여 즐겁게 해줌. 또는 그런 말을 일컬음.

口	口	口	口					
입 구	ㅣ ㄇ 口							
角	角	角	角					
뿔 각	㇀ ㇀ 月 角 角 角							
春	春	春	春					
봄 춘	二 三 夫 夫 春 春							
風	風	風	風					
바람 풍	几 凡 凧 風 風 風							

九曲肝腸 구곡간장

'아홉 번 구부러진 간과 창자'라는 뜻으로, 깊은 마음속, 또는 시름이 쌓인 마음속을 비유하여 일컬음.

九	九	九	九				
아홉 구		ノ 九					
曲	曲	曲	曲				
굽을 곡		l 冂 冂 曲 曲 曲					
肝	肝	肝	肝				
간장 간		刀 刀 月 厂 肝 肝					
腸	腸	腸	腸				
창자 장		刀 月 刖 刖 朋 腸					

口蜜腹劍 구밀복검

'입에는 꿀이 있고(달콤한 말을 하면서) 뱃속에는 칼을 지녔다'는 뜻으로, 겉으로는 친한 척하지만
속으로는 해칠 생각을 품고 있음을 일컬음.

口	口	口	口				
입 구		l 冂 口					
蜜	蜜	蜜	蜜				
꿀 밀		宀 少 宓 宓 密 蜜					
腹	腹	腹	腹				
배 복		月 厂 胪 胪 胪 腹					
劍	劍	劍	劍				
칼 검		亽 슦 슮 侖 僉 劍					

九死一生 구사일생
'아홉 번 죽을 뻔하다 한 번 살아난다'는 뜻으로, 죽을 고비를 여러 번 넘기고 간신히 살아남.

九	九	九	九					
아홉 구		ノ 九						
死	死	死	死					
죽을 사		一 ア ヲ 歹 死 死						
一	一	一	一					
한 일		一						
生	生	生	生					
날 생		ノ ト ト 牛 生						

口尙乳臭 구상유취
'입에서 아직도 젖내가 난다'는 뜻으로, 말과 하는 짓이 유치한 것을 비유하여 일컬음.

口	口	口	口					
입 구		丨 冂 口						
尙	尙	尙	尙					
오히려 상		小 小 內 尙 尙 尙						
乳	乳	乳	乳					
젖 유		一 ㇇ ㇈ 孚 孚 乳						
臭	臭	臭	臭					
냄새 취		白 自 鼻 臭 臭 臭						

九牛一毛 구우일모
'여러 마리 소의 많은 털 중에서 한 가닥의 털'이라는 뜻으로, 대단히 많은 것 중의 아주 적은 것.

九	九	九	九					
아홉 구		ノ 九						
牛	牛	牛	牛					
소 우		ノ ト ト 牛						
一	一	一	一					
한 일		一						
毛	毛	毛	毛					
터럭 모		ノ 二 三 毛						

九折羊腸 구절양장
'아홉 번 굽은 양의 창자'라는 뜻으로, 세상이 복잡하여 살아가기 어려움의 비유.

九	九	九	九					
아홉 구		ノ 九						
折	折	折	折					
끊을 절		一 扌 扩 折 折						
羊	羊	羊	羊					
양 양		丶 丷 䒑 ⺶ 兰 羊						
腸	腸	腸	腸					
창자 장		刀 月 肥 腭 腸 腸						

國士無雙 국사무쌍

'그 나라에서 가장 뛰어난 인물은 둘도 없다'는 뜻으로, 매우 뛰어난 인재를 이르는 말.

國	國	國	國				
나라 국	冂 冋 囝 國 國 國						
士	士	士	士				
선비 사	一 十 士						
無	無	無	無				
없을 무	丿 亇 二 無 無 無						
雙	雙	雙	雙				
쌍 쌍	亻 隹 倠 雔 雙 雙						

群鷄一鶴 군계일학

'무리지어 있는 닭 가운데 있는 한 마리의 학'이라는 뜻으로, 여러 평범한 사람들 가운데 뛰어난 한 사람을 일컬음.

群	群	群	群				
무리 군	尹 君 君 君' 群' 群 群						
鷄	鷄	鷄	鷄				
닭 계	爫 奚 奚' 鷄' 鷄 鷄						
一	一	一	一				
한 일	一						
鶴	鶴	鶴	鶴				
학 학	隹 雀' 鹤' 鶴 鶴 鶴						

群雄割據 군웅할거

많은 영웅들이 각각 한 지방에 웅거하여 세력을 과시하며 서로 다투는 상황을 이르는 말.

群	群	群	群					
무리 군	ア 君 君′ 君′ 群 群							
雄	雄	雄	雄					
수컷 웅	ナ 玄 封 姓 姓 雄							
割	割	割	割					
나눌 할	宀 宀 宀 害 害 割							
據	據	據	據					
의거할 거	扩 扩 护 扩 撺 據							

君子三樂 군자삼락

'군자의 세 가지 즐거움'이라는 뜻으로, 부모가 다 살아계시고, 형제가 다 살아 무고하고, 하늘과 사람에게 부끄러워할 것이 없는 것. 그리고 천하의 영재를 얻어서 교육함을 일컬음.

君	君	君	君					
임금 군	⁻ ㄱ ㅋ 尹 君 君							
子	子	子	子					
아들 자	⁻ 了 子							
三	三	三	三					
석 삼	⁻ ⁼ 三							
樂	樂	樂	樂					
즐길 락	白 白 纲 樂 樂 樂							

窮餘一策 궁여일책

'매우 궁한 나머지 짜낸 한 가지 방책'이라는 뜻으로, 막다른 처지에서 짜내는 한 가지 계책.

窮	窮	窮	窮				
다할 궁	宀 宀 宀 宁 窈 窮 窮						
餘	餘	餘	餘				
남을 여	飠 飠 飠 飠 飠 餘						
一	一	一	一				
한 일	一						
策	策	策	策				
꾀 책	𥫗 筲 筲 筲 第 策						

權謀術數 권모술수

'권세와 모략과 중상 등 온갖 수단과 방법을 쓴다'는 뜻으로, 목적을 위해 남을 교묘하게 속이는 모략이나 술수를 일컬음.

權	權	權	權				
권세 권	木 杧 栌 栌 榫 權						
謀	謀	謀	謀				
꾀 모	言 言 計 計 謀 謀						
術	術	術	術				
재주 술	彳 徉 徉 術 術 術						
數	數	數	數				
셈 수	𦥑 昌 婁 婁 婁 數						

勸善懲惡 권선징악

착한 일을 권장하고 악한 일을 징계함.

勸	勸	勸	勸						
권할 권		⺿ 苗 苗 萑 蓶 勸 勸							
善	善	善	善						
착할 선		⺊ ⺌ 兰 羊 羔 善							
懲	懲	懲	懲						
혼낼 징		彳 彳 徵 徵 徵 懲							
惡	惡	惡	惡						
악할 악		匸 呸 ಌ ಌ 亞 惡							

歸去來辭 귀거래사

'되돌아가는 길'이라는 뜻으로, 벼슬을 그만두고 고향으로 돌아감. 벼슬에서 물러나 자신의 뜻에 따라서 자연을 사랑하는 생활로 되돌아감의 비유.

歸	歸	歸	歸						
돌아올 귀		⺁ 阜 阜 歸 歸 歸							
去	去	去	去						
갈 거		一 十 土 去 去							
來	來	來	來						
올 래		一 十 ヤ 來 來 來							
辭	辭	辭	辭						
말 사		⻗ 扇 舃 舃 辭 辭							

克己復禮 극기복례

'자기 자신의 사사로운 마음을 극복하고, 인간으로서의 기본적인 생활 습관으로 되돌아간다'는 뜻으로, 지나친 욕심을 누르고 예의범절을 좇음.

克	克	克	克						
이길 극	一 十 ナ 古 古 克								
己	己	己	己						
몸 기	기 コ 己								
復	復	復	復						
회복할 복	彳 彳 彳 伊 復 復								
禮	禮	禮	禮						
예도 례	利 神 神 神 禮 禮								

近墨者黑 근묵자흑

'먹을 가까이 하면 검어진다'는 뜻으로, 나쁜 사람을 가까이 하면 물들기 쉽다는 말.

近	近	近	近						
가까울 근	厂 斤 斤 斤 近 近								
墨	墨	墨	墨						
먹 묵	口 四 甲 里 黑 墨								
者	者	者	者						
놈 자	土 耂 尹 者 者 者								
黑	黑	黑	黑						
검을 흑	口 四 四 甲 里 黑								

金蘭之契 금란지계

'금과 난 같은 맺음'이라는 뜻으로, '사이좋은 벗끼리 마음을 합치면 단단한 쇠도 자를 수 있고, 우정의 아름다움은 난의 향기와 같다'는 말. 아주 친밀한 친구 사이.

金	金	金	金					
쇠 금	人 今 合 全 全 金							
蘭	蘭	蘭	蘭					
난초 란	艹 疒 門 門 蘭 蘭							
之	之	之	之					
갈 지	` 一 ラ 之							
契	契	契	契					
맺을 계	三 丰 初 初 契 契							

錦上添花 금상첨화

'비단 위에 꽃을 더한다'는 뜻으로, 좋은 일에 또 좋은 일이 더하여짐을 일컬음.

錦	錦	錦	錦					
비단 금	牟 金 釒 鈤 錦 錦							
上	上	上	上					
위 상	l ㅏ 上							
添	添	添	添					
더할 첨	氵 汀 沃 添 添 添							
花	花	花	花					
꽃 화	一 艹 艹 芢 花 花							

金石盟約 금석맹약

쇠나 돌처럼 단단하고 굳은 약속.

金	金	金	金				
쇠 금		入 今 全 全 金 金					
石	石	石	石				
돌 석		一 ア 不 石 石					
盟	盟	盟	盟				
맹세할 맹		明 明 明 明 盟 盟					
約	約	約	約				
묶을 약		幺 幺 糸 約 約 約					

琴瑟相和 금슬상화

'거문고와 비파 소리가 조화를 이룬다'는 뜻으로, 부부 사이가 다정하고 화목함을 이르는 말.

琴	琴	琴	琴				
거문고 금		丁 王 珏 瑟 琴 琴					
瑟	瑟	瑟	瑟				
비파 슬		王 珏 珡 瑟 瑟 瑟					
相	相	相	相				
서로 상		一 十 木 相 相 相					
和	和	和	和				
조화 화		一 二 千 禾 和 和					

金烏玉兔 금오옥토

'금까마귀와 옥토끼'라는 뜻으로, 해 속에는 금까마귀 무늬가 있고 달 속에는 옥토끼 문양이 있는 듯 보여, 해와 달을 가리키는 말.

金	金	金	金			
쇠 금	人 今 今 余 余 金					
烏	烏	烏	烏			
까마귀 오	´ ´ ´ ´ 烏 烏					
玉	玉	玉	玉			
구슬 옥	一 丁 千 王 玉					
兔	兔	兔	兔			
토끼 토	´ ´ ´ ´ 兔 兔					

錦衣夜行 금의야행

'비단 옷을 입고 밤길을 간다'는 뜻으로, 아무 보람 없는 행동이나 생색이 나지 않는 쓸데없는 일을 자랑삼아 하는 일의 비유. 아무리 내가 잘해도 남이 알아주지 않는다는 말.

錦	錦	錦	錦			
비단 금	牟 金 金' 鉑 錦 錦					
衣	衣	衣	衣			
옷 의	` 一 テ テ 衣 衣					
夜	夜	夜	夜			
밤 야	一 广 产 夜 夜 夜					
行	行	行	行			
갈 행	´ ´ 彳 彳 行 行					

錦衣還鄉 금의환향

'비단 옷을 입고 고향에 돌아온다'는 뜻으로, 입신출세하여 사회적 성공을 거둔 후, 떳떳하게 고향에 돌아옴.

錦	錦	錦	錦				
비단 금		숙 金 釒 鉬 錦 錦					
衣	衣	衣	衣				
옷 의		` 一 ㇒ 产 衣 衣					
還	還	還	還				
돌아올 환		罒 罒 睪 睘 睘 還					
鄕	鄕	鄕	鄕				
고향 향		乡 乡 纩 绔 鄕 鄕					

金枝玉葉 금지옥엽

'황금빛 나뭇가지와 옥빛 나는 잎사귀'라는 뜻으로, 임금의 자손이나 집안, 귀여운 자식. 귀한 자손을 이르는 말.

金	金	金	金				
쇠 금		人 入 仐 全 숲 金					
枝	枝	枝	枝				
가지 지		十 才 木 朴 杧 枝					
玉	玉	玉	玉				
구슬 옥		一 丁 干 王 玉					
葉	葉	葉	葉				
잎 엽		艹 芭 芭 苹 葉 葉					

氣高萬丈 기고만장

'기운이 만장이나 뻗치었다'라는 뜻으로, 일이 뜻대로 잘 되어 기세가 대단하거나, 또 화를 낼 때 지나치게 자만하는 형세를 일컬음.

氣	氣	氣	氣				
기운 기	´ ´ 气 气 氚 氣						
高	高	高	高				
높을 고	` ㆍ 亠 高 高 高						
萬	萬	萬	萬				
일만 만	艹 芢 苩 萬 萬 萬						
丈	丈	丈	丈				
길이 장	一 ナ 丈						

奇想天外 기상천외

'기이한 발상이 세상 밖이다'라는 뜻으로, 보통으로는 생각할 수 없는 기발하고 엉뚱한 생각을 일컬음.

奇	奇	奇	奇				
기이할 기	㇒ ㇏ 夽 夼 奋 奇						
想	想	想	想				
생각할 상	十 木 相 相 想 想						
天	天	天	天				
하늘 천	一 二 チ 天						
外	外	外	外				
바깥 외	㇒ ㇁ 夕 外 外						

氣盡脈盡 기진맥진

'기운이 없어지고 맥이 풀렸다'는 뜻으로, 온몸의 힘이 빠져버림.

氣	氣	氣	氣					
기운 기	ʹ ʹ 气 气 気 氣							
盡	盡	盡	盡					
다할 진	⺕ ⺕ 聿 盡 盡 盡							
脈	脈	脈	脈					
맥 맥	月 肵 肵 脈 脈 脈							
盡	盡	盡	盡					
다할 진	⺕ ⺕ 聿 盡 盡 盡							

騎虎之勢 기호지세

'호랑이를 타고 달리는 기세'라는 뜻으로, 중도에 포기 할 수 없는 상태. 일단 시작한 일은 도중에서 그만두지 못하고 기세를 타고 그대로 밀고 나감. 내친걸음.

騎	騎	騎	騎					
말탈 기	馬 馬 馿 騎 騎 騎							
虎	虎	虎	虎					
범 호	ʹ ⺊ 上 广 虍 虎							
之	之	之	之					
갈 지	ʹ ㇇ ㇇ 之							
勢	勢	勢	勢					
기세 세	㇒ 幸 封 執 執 勢							

落木寒天 낙목한천

나뭇잎이 우수수 다 떨어진, 겨울의 춥고 쓸쓸한 풍경. 또는 그러한 계절을 일컬음.

落	落	落	落				
떨어질 낙	亠 艹 莎 莎 莈 落						
木	木	木	木				
나무 목	一 十 才 木						
寒	寒	寒	寒				
찰 한	宀 宀 宲 寔 寒 寒						
天	天	天	天				
하늘 천	一 二 チ 天						

洛陽紙貴 낙양지귀

'낙양의 종이가 귀해진다'는 뜻으로, 책이 호평을 받아 베스트셀러가 됨. 출판한 책이 잘 팔림.

洛	洛	洛	洛				
도읍이름 낙	氵 氵 沙 汝 洛 洛						
陽	陽	陽	陽				
볕 양	阝 阝 阳 陽 陽 陽						
紙	紙	紙	紙				
종이 지	幺 糸 糸' 紅 紙 紙						
貴	貴	貴	貴				
귀할 귀	中 虫 串 冑 冑 貴						

落井下石 낙정하석
'우물에 빠진 사람에게 돌을 던진다'는 뜻으로, 어려움에 처한 사람에게 박해를 가함.

落	落	落	落				
떨어질 낙	艹 艹 浐 莎 落 落						
井	井	井	井				
우물 정	一 二 井 井						
下	下	下	下				
아래 하	一 丁 下						
石	石	石	石				
돌 석	一 ア ズ 石 石						

落花流水 낙화유수
'떨어지는 꽃잎과 흐르는 물'이라는 뜻으로, 지나가는 봄 경치나 서로 그리워하는 남녀의 심정이나 관계.
또는, 사람이나 사회가 영락하고 쇠퇴해 가는 것을 뜻함.

落	落	落	落				
떨어질 낙	艹 艹 浐 莎 茏 落						
花	花	花	花				
꽃 화	艹 艹 艹 花 花						
流	流	流	流				
흐를 유	氵 氵 浐 浐 流 流						
水	水	水	水				
물 수	丿 기 水 水						

難兄難弟 난형난제
'누구를 형이라 하고 누구를 아우라 하기 어렵다'는 뜻으로, 두 사물이 서로 엇비슷하여 낫고 못함을 가리기 어려움을 일컬음.

難	難	難	難						
어려울 난	莫 莫 薁 難 難 難								
兄	兄	兄	兄						
맏형 형	丶 ㅁ ㅁ 尸 兄								
難	難	難	難						
어려울 난	莫 莫 薁 難 難 難								
弟	弟	弟	弟						
아우 제	丶 ㅛ ㅛ 弟 弟 弟								

南柯一夢 남가일몽
'남쪽 가지에서의 꿈'이라는 뜻으로, 덧없는 한때의 꿈이나 부귀영화를 이르는 말.

南	南	南	南						
남녘 남	十 冇 冇 南 南 南								
柯	柯	柯	柯						
나뭇가지 가	一 十 才 木 村 柯								
一	一	一	一						
한 일	一								
夢	夢	夢	夢						
꿈 몽	十 ㅛ 苗 菡 夢 夢								

南男北女 남남북녀

우리나라에서, '남자는 남부지방에서 여자는 북부지방에서 잘난 사람이 많다'는 뜻으로, 예부터 일컬어
오는 말.

南	南	南	南						
남녘 남	一 宀 内 内 南 南								
男	男	男	男						
사내 남	丶 口 田 田 男 男								
北	北	北	北						
북녘 북	丨 丬 킈 北 北								
女	女	女	女						
여자 녀	〈 女 女								

男負女戴 남부여대

'남자는 등에 지고 여자는 머리에 인다'는 뜻으로, 가난한 사람이나 재난을 당한 사람들이 살 곳을 찾아
이리저리 떠돌아다님을 일컬음.

男	男	男	男						
사내 남	丶 口 田 田 男 男								
負	負	負	負						
짐질 부	丿 夕 尒 角 負 負								
女	女	女	女						
여자 여	〈 女 女								
戴	戴	戴	戴						
머리에 일 대	十 吉 査 査 戴 戴								

男尊女卑 남존여비

'남자는 높고 여자는 낮다'는 뜻으로, 남자를 존중하고 여자를 비천하게 여기는 생각을 일컬음.

男	男	男	男						
사내 남		丿 冂 田 田 罗 男							
尊	尊	尊	尊						
높을 존		丷 丷 酋 酋 尊 尊							
女	女	女	女						
여자 여		乙 𡥀 女							
卑	卑	卑	卑						
낮을 비		丿 白 白 电 鬼 卑							

內憂外患 내우외환

'안으로 근심이 있고, 밖으로 걱정이 있다'는 뜻으로, '내우'는 국내의 근심거리·재앙·내란이며, '외환'은
외적에 의한 불안과 환난으로, 나라 안팎의 근심거리를 일컬음.

內	內	內	內						
안 내		丨 冂 内 內							
憂	憂	憂	憂						
근심 우		一 百 百 憂 憂 憂							
外	外	外	外						
바깥 외		丿 夕 夕 外 外							
患	患	患	患						
근심 환		口 吕 串 串 患 患							

内柔外剛 내유외강

'안으로 부드럽고 겉으로 강하다'는 뜻으로, 겉으로 보기에는 강해 보이지만 속마음이 고움. 또는, 마음이 여리면서 겉으로는 강한 체함.

内	内	内	内			
안 내			ㅣ ㄇ 内 内			
柔	柔	柔	柔			
부드러울 유			ㄱ ㄱ ㅈ ㅈ ㅈ 柔			
外	外	外	外			
바깥 외			ノ ク タ 外 外			
剛	剛	剛	剛			
굳셀 강			ㄇ 冂 ㄇ 门 岡 剛			

內助之功 내조지공

'안에서 도와주는 공'이라는 뜻으로, 아내가 집안일을 잘 다스려 밖에서 사회활동을 하는 남편을 돕는 일. 또는, 그 공.

內	內	內	內			
안 내			ㅣ ㄇ 内 內			
助	助	助	助			
도울 조			ㅣ ㄇ 月 且 助 助			
之	之	之	之			
갈 지			ヽ 二 之 之			
功	功	功	功			
공로 공			一 丁 工 功 功			

53

老馬之智 노마지지

'늙은 말의 지혜'라는 뜻으로, 오랜 경험으로 사물에 익숙하여 잘 알고 있음. 또한 나름대로의 장점과 특징이 있음.

老	老	老	老						
늙을 노		一 十 土 耂 耂 老							
馬	馬	馬	馬						
말 마		｜ 匚 尸 馬 馬 馬							
之	之	之	之						
갈 지		丶 亠 ㇇ 之							
智	智	智	智						
지혜 지		스 矢 知 知 智 智							

勞心焦思 노심초사

애를 쓰고 속을 태움.

勞	勞	勞	勞						
힘쓸 노		ﾂ 米 炏 炏 炏 勞							
心	心	心	心						
마음 심		丶 心 心 心							
焦	焦	焦	焦						
애탈 초		亻 忄 佳 佳 佳 焦							
思	思	思	思						
생각할 사		丶 口 田 田 思 思							

綠陰芳草 녹음방초

'나뭇잎이 푸르고 우거진 향기 좋은 풀'이라는 뜻으로, 여름철의 푸른 자연 경치를 일컬음.

綠	綠	綠	綠				
푸를 녹	紆 紆 絆 絆 綠 綠						
陰	陰	陰	陰				
그늘 음	阝 阼 阼 陰 陰 陰						
芳	芳	芳	芳				
꽃다울 방	艹 艹 艺 艻 芳 芳						
草	草	草	草				
풀 초	艹 艹 苩 苩 草 草						

綠衣紅裳 녹의홍상

'연두색 저고리와 다홍치마'라는 뜻으로, 젊은 여인의 고운 옷차림을 일컫는 말.

綠	綠	綠	綠				
푸를 녹	紆 紆 絆 絆 綠 綠						
衣	衣	衣	衣				
옷 의	` 宀 ナ 才 衣 衣						
紅	紅	紅	紅				
붉을 홍	乚 幺 幺 糸 紅 紅						
裳	裳	裳	裳				
치마 상	尙 堂 赏 裳 裳 裳						

論功行賞 논공행상

'공을 따져 상을 준다'는 뜻. 논공이란 공로의 크고 작음을 조사하는 것으로, 공이 있고 없음이나 크고 작음을 따져 거기에 알맞은 상을 줌.

論	論	論	論				
논할 논	言 訃 訃 論 論 論						
功	功	功	功				
공로 공	一 T 工 功 功						
行	行	行	行				
갈 행	' ' ' 彳 彳 行 行						
賞	賞	賞	賞				
상줄 상	尚 尚 告 告 賞 賞						

陵谷之變 능곡지변

'언덕과 골짜기가 뒤바뀐다'는 뜻으로, 세상일의 변천이 극심함을 비유하여 일컬음.

陵	陵	陵	陵				
언덕 능	阝 阝 阝 陸 陵 陵						
谷	谷	谷	谷				
골 곡	' 八 夂 父 谷 谷						
之	之	之	之				
갈 지	' 一 ラ 之						
變	變	變	變				
변할 변	言 結 絲 戀 變 變						

能手能爛 능수능란

일 따위에 익숙하고 솜씨가 좋음.

能	能	能	能				
능할 능	ㄥ 竹 台 育 能 能						
手	手	手	手				
손 수	㇒ 二 三 手						
能	能	能	能				
능할 능	ㄥ 竹 台 育 能 能						
爛	爛	爛	爛				
빛날 란	火門 爛 爛 爛 爛 爛						

多岐亡羊 다기망양

'갈래 길이 많아 양을 잃는다'는 뜻으로, 학문의 길이 다방면으로 갈라져 있어 쉽게 진리를 찾기 어려움의 비유. 또는 방침이 여러 갈래여서 어느 것을 택할지 망설이게 됨을 일컬음.

多	多	多	多				
많을 다	㇒ ㄅ 夕 夕 多 多						
岐	岐	岐	岐				
갈림길 기	㇑ 屮 山 山 岐 岐						
亡	亡	亡	亡				
잃을 망	㇔ 二 亡						
羊	羊	羊	羊				
양 양	㇔ ㇒ ㇒ 二 三 羊						

多多益善 다다익선

'많을수록 더욱 좋다'는 뜻으로, 많으면 많을수록 더더욱 잘 처리함. 또는 처리할 수 있음.

多	多	多	多				
많을 다	′ ク タ タ 多 多						
多	多	多	多				
많을 다	′ ク タ タ 多 多						
益	益	益	益				
더할 익	八 𠆢 𠓾 徃 益 益						
善	善	善	善				
착할 선	⸚ ⸚ 쓰 羊 羊 善						

多聞博識 다문박식

보고 들은 것이 많고 지식이 넓음.

多	多	多	多				
많을 다	′ ク タ タ 多 多						
聞	聞	聞	聞				
들을 문	⺉ 門 門 門 閅 聞						
博	博	博	博				
넓을 박	十 恒 博 博 博 博						
識	識	識	識				
알 식	言 訁 語 識 識 識						

多事多難 다사다난

여러 가지 일도 많고 어려움도 많음.

多	多	多	多						
많을 다		⸌ ⸗ ⸍ ⸕ 多 多							
事	事	事	事						
일 사		一 ⼕ ⼕ ⼕ ⼐ 事							
多	多	多	多						
많을 다		⸌ ⸗ ⸍ ⸕ 多 多							
難	難	難	難						
어려울 난		堇 堇 難 難 難 難							

多事多忙 다사다망

일이 많아 매우 바쁨.

多	多	多	多						
많을 다		⸌ ⸗ ⸍ ⸕ 多 多							
事	事	事	事						
일 사		一 ⼕ ⼕ ⼕ ⼐ 事							
多	多	多	多						
많을 다		⸌ ⸗ ⸍ ⸕ 多 多							
忙	忙	忙	忙						
바쁠 망		⼀ ⼀ ⼁ 忙 忙 忙							

斷機之戒 단기지계

'베틀의 실을 끊은 훈계'라는 뜻으로, 학업을 중도에 그만두는 것은 마치 짜던 베틀의 실을 끊어버리는 것과 같이 아무런 공이 없다는 말.

斷	斷	斷	斷				
끊을 단	⁸⁸ ⁸⁸ ⁸⁸ 醬 斷 斷						
機	機	機	機				
베틀 기	栌 栌 棥 機 機 機						
之	之	之	之				
갈 지	丶 亠 之 之						
戒	戒	戒	戒				
훈계 계	一 二 开 戒 戒 戒						

單刀直入 단도직입

'혼자서 칼을 휘두르며 적진으로 바로 쳐들어간다'는 뜻으로, 말을 하거나 글을 쓸 때 바로 본론으로 들어감.

單	單	單	單				
홑 단	⁰ ⁰⁰ 吧 晶 噐 單						
刀	刀	刀	刀				
칼 도	フ 刀						
直	直	直	直				
곧을 직	一 十 古 首 直 直						
入	入	入	入				
들 입	ノ 入						

達人大觀 달인대관
통달한 사람은 사물의 전체를 잘 헤아려 바르게 판단하고 그릇됨이 없다는 말.

達	達	達	達					
통달할 달	土 圭 圭 幸 幸 達							
人	人	人	人					
사람 인	ノ 人							
大	大	大	大					
큰 대	一 ナ 大							
觀	觀	觀	觀					
볼 관	⺾ ⺾ ⺾ 萑 雚 觀							

大驚失色 대경실색
몹시 놀라서 얼굴빛이 하얗게 변함.

大	大	大	大					
큰 대	一 ナ 大							
驚	驚	驚	驚					
놀랄 경	苟 敬 敬 敬 驚 驚							
失	失	失	失					
잃을 실	ノ 亠 二 失 失							
色	色	色	色					
빛 색	ノ ⺈ ⺈ 各 免 色							

大器晩成 대기만성

'큰 그릇은 늦게 만들어진다'는 뜻으로, 크게 될 사람은 늦게 성공한다는 말. 또는 만년이 되어 성공하는 일. 과거에 낙방한 선비를 위로하는 말.

大	大	大	大				
큰 대		一 ナ 大					
器	器	器	器				
그릇 기		吅 吢 哭 哭 器 器					
晩	晩	晩	晩				
저물 만		ル 日 旷 晄 睁 晩					
成	成	成	成				
이룰 성		厂 厈 成 成 成					

大道無門 대도무문

'큰 길에는 문이 없다'라는 뜻으로, 사람으로서 마땅히 지켜야 할 큰 도리나 바른 길. 또는 정도에는 거칠 것이 없다. 즉 누구나 그 길을 걸으면 숨기거나 잔재주를 부릴 필요가 없다는 말.

大	大	大	大				
큰 대		一 ナ 大					
道	道	道	道				
길 도		ⸯ ⸰ 首 首 道 道					
無	無	無	無				
없을 무		ノ 二 無 無 無					
門	門	門	門				
문 문		丨 冂 門 門 門 門					

大同小異 대동소이
'크게 보면 같고 작게 보면 다르다'는 뜻으로, 큰 차이가 없이 거의 같고 조금 다름. 서로 비슷비슷함.

大	大	大	大				
큰 대		一 ナ 大					
同	同	同	同				
같을 동		丨 冂 冂 同 同 同					
小	小	小	小				
작을 소		亅 小 小					
異	異	異	異				
다를 이		冂 田 甲 畀 異 異					

道不拾遺 도불습유
'길에 떨어진 물건을 주워가지도 아니한다'는 뜻으로, 나라가 태평하고 풍습이 아름다워 백성이 길에 떨어진 물건을 주워가지도 아니함을 일컬음.

道	道	道	道				
길 도		ㆍ ㆍ 首 首 道 道					
不	不	不	不				
아닐 불		一 ア 不 不					
拾	拾	拾	拾				
주을 습		一 十 扌 扒 拾 拾					
遺	遺	遺	遺				
남길 유		丷 靑 貴 貴 遺 遺					

道聽塗說 도청도설

'길거리에서 들은 이야기를 곧 그 길에서 다른 사람에게 말한다'는 뜻으로, 아무렇게나 듣고 말함.
길거리에 퍼져 돌아다니는 뜬소문.

道	道	道	道					
길 도	⺀ ⺆ 首 首 道 道							
聽	聽	聽	聽					
들을 청	ㅋ 耳 耴 聹 聽 聽							
塗	塗	塗	塗					
진흙 도	氵 汃 汾 涂 涂 塗							
說	說	說	說					
말 설	言 言 訁 訜 說 說							

讀書亡羊 독서망양

'책을 읽다가 양을 잃었다'는 뜻으로, 다른 일에 정신이 팔려 중요한 일을 소홀히 함을 일컫는 말.

讀	讀	讀	讀					
읽을 독	言 訶 讀 讀 讀 讀							
書	書	書	書					
글 서	ㄱ 聿 聿 書 書 書							
亡	亡	亡	亡					
잊을 망	、 亠 亡							
羊	羊	羊	羊					
양 양	、 ⺍ ⺌ 兰 兰 羊							

讀書三到 독서삼도

글을 읽어서 그 참뜻을 이해하려면 마음과 눈과 입을 오로지 글 읽기에 집중해야 한다는 뜻.

讀	讀	讀	讀					
읽을 독	言 言 言 讀 讀 讀 讀							
書	書	書	書					
글 서	ㄱ ㅋ 聿 書 書 書							
三	三	三	三					
석 삼	一 二 三							
到	到	到	到					
이를 도	一 ㅈ ㅉ 죠 至 到							

同價紅裳 동가홍상

'같은 값이면 다홍치마'라는 뜻으로, 이왕이면 보기 좋은 것을 골라 가진다는 말.

同	同	同	同					
같을 동	l 冂 冂 同 同 同							
價	價	價	價					
값 가	亻 伫 俨 價 價 價							
紅	紅	紅	紅					
붉을 홍	ㄥ 幺 糸 糸 糽 紅							
裳	裳	裳	裳					
치마 상	业 尚 浐 岩 裳 裳							

同苦同樂 동고동락
'괴로움과 즐거움을 함께 한다'는 뜻으로, 같이 고생하고 같이 즐김.

同	同	同	同					
한가지 동			ㅣ 冂 冂 同 同 同					
苦	苦	苦	苦					
쓸 고			艹 卝 芒 芏 芐 苦					
同	同	同	同					
한가지 동			ㅣ 冂 冂 同 同 同					
樂	樂	樂	樂					
즐길 락			白 冇 绐 樂 樂 樂					

棟梁之材 동량지재
'마룻대와 들보로 쓸 만한 재목'이라는 뜻으로, 한 집안이나 한 나라의 기둥이 될 만한 인물.

棟	棟	棟	棟					
용마루 동			一 十 木 柿 柿 棟					
梁	梁	梁	梁					
들보 량			氵 汈 汈 沊 梁 梁					
之	之	之	之					
갈 지			丶 亠 ラ 之					
材	材	材	材					
재목 재			一 十 才 木 村 材					

東問西答 동문서답
'동쪽 물음에 서쪽 답을 한다'라는 뜻으로, 묻는 말에 엉뚱한 대답을 함.

東	東	東	東				
동녘 동	一 ㄷ 曰 車 東 東						
問	問	問	問				
물을 문	丨 冂 門 門 問 問						
西	西	西	西				
서녘 서	一 丆 冂 两 西 西						
答	答	答	答				
대답할 답	⺮ ⺮ 欠 父 答 答						

同病相憐 동병상련
'같은 병자끼리 서로 가엾게 여긴다'는 뜻으로, 어려운 처지에 있는 사람끼리 서로 불쌍히 여겨 동정하고 도움을 일컬음.

同	同	同	同				
같을 동	丨 冂 冂 同 同 同						
病	病	病	病				
병 병	广 扩 疒 病 病 病						
相	相	相	相				
서로 상	一 十 木 杣 机 相						
憐	憐	憐	憐				
불쌍히 여길 련	忄 忄 忙 忙 憐 憐						

東奔西走 동분서주

'동쪽으로 뛰고 서쪽으로 뛴다'는 뜻으로, 이리저리 바쁘게 돌아다님을 일컬음.

東	東	東	東						
동녘 동	ー 厂 同 申 東 東								
奔	奔	奔	奔						
분주할 분	大 太 本 夲 奔 奔								
西	西	西	西						
서녘 서	ー 厂 厉 西 西 西								
走	走	走	走						
달릴 주	ナ 土 キ 走 走 走								

同床異夢 동상이몽

'같은 침상에서 서로 다른 꿈을 꾼다'는 뜻으로, 겉으로는 같이 행동하면서 속으로는 각기 딴 생각을 함.
원래는 부부의 감정이 화목하지 못한 것을 가리켰으나, 같은 일을 하면서 제각기 타산적인 것을 비유함.

同	同	同	同						
한가지 동	l 冂 冂 冋 同 同								
床	床	床	床						
평상 상	一 广 广 庄 床 床								
異	異	異	異						
다를 이	冂 田 巴 畀 畢 異								
夢	夢	夢	夢						
꿈 몽	一 艹 苩 蓝 夢 夢								

杜門不出 두문불출

'문을 닫아걸고 밖으로 나서지 않는다'는 뜻으로, 집 안에만 들어앉아 있고 밖에 나다니지 아니함을
일컬음.

杜	杜	杜	杜					
막을 두	一 十 才 木 朴 杜							
門	門	門	門					
문 문	丨 冂 冂 冃 門 門							
不	不	不	不					
아닐 불	一 ㄱ 不 不							
出	出	出	出					
날 출	乚 ㄴ 屮 出 出							

登高自卑 등고자비

'높은 곳에 오르려면 낮은 곳에서부터 시작해야 한다'는 뜻으로, 낮은 곳에서부터 위로 오르듯이, 모든
일은 순서를 밟아야 한다는 말. 지위가 높아질수록 자신을 낮춤.

登	登	登	登					
오를 등	癶 癶 癶 癸 登 登							
高	高	高	高					
높을 고	丶 亠 古 高 高 高							
自	自	自	自					
스스로 자	丿 自 自 自 自 自							
卑	卑	卑	卑					
낮을 비	丿 白 白 白 卑 卑							

燈下不明 등하불명

'등잔 밑이 어둡다'는 뜻으로, 가까이 있는 것을 도리어 잘 모름의 비유.

燈	燈	燈	燈				
등잔 등	⟶ `ˇ 丷 刈 烒 燈 燈`						
下	下	下	下				
아래 하	⟶ `一 丁 下`						
不	不	不	不				
아닐 불	⟶ `一 丆 丆 不`						
明	明	明	明				
밝을 명	⟶ `丨 冂 日 町 明 明`						

燈火可親 등화가친

'등잔불을 가까이 한다'는 말. 가을밤은 기후도 상쾌하고 밤도 길어, '등잔불을 가까이 할 만하다'는 뜻으로, 등불을 가까이 하여 글 읽기에 아주 좋다는 말.

燈	燈	燈	燈				
등잔 등	⟶ `ˇ 丷 刈 烒 燈 燈`						
火	火	火	火				
불 화	⟶ `丶 丷 少 火`						
可	可	可	可				
옳을 가	⟶ `一 丆 冂 叼 可`						
親	親	親	親				
친할 친	⟶ `亠 辛 亲 新 視 親`						

馬耳東風 마이동풍

'말의 귓가를 스쳐가는 동풍'이라는 뜻으로, 남의 말(비평이나 의견)을 귀담아 듣지 않고 흘려버림을 일컬음.

馬	馬	馬	馬					
말 마	丨 厂 厂 馬 馬 馬							
耳	耳	耳	耳					
귀 이	一 丁 丌 瓦 耳 耳							
東	東	東	東					
동녘 동	一 口 曰 由 東 東							
風	風	風	風					
바람 풍	几 几 凤 風 風 風							

麻中之蓬 마중지봉

'삼 밭에 난 쑥대'라는 뜻으로, 좋은 사람들 사이에 있으면 그 영향으로 자기도 모르는 사이에 좋은 사람이 됨을 일컫는 말.

麻	麻	麻	麻					
삼 마	一 广 广 庐 麻 麻							
中	中	中	中					
가운데 중	丶 口 口 中							
之	之	之	之					
갈 지	丶 二 ㇋ 之							
蓬	蓬	蓬	蓬					
쑥대 봉	艹 艾 筚 筚 蓬 蓬							

莫上莫下 막상막하

'위도 아니요 아래도 아니다'라는 뜻으로, 낮고 못함을 가리기 어려울 정도로 차이가 거의 없음.

莫	莫	莫	莫					
없을 막	｀ ˋˋ ˋˋ 莒 莒 莫							
上	上	上	上					
위 상	｜ ｜ 上							
莫	莫	莫	莫					
없을 막	｀ ˋˋ ˋˋ 莒 莒 莫							
下	下	下	下					
아래 하	一 丁 下							

莫逆之友 막역지우

'서로 거슬림이 없는 친구'라는 뜻으로, 허물없이 지내는 사이좋은 친구. 더할 나위 없이 친한 친구를 일컬음.

莫	莫	莫	莫					
없을 막	｀ ˋˋ ˋˋ 莒 莒 莫							
逆	逆	逆	逆					
거스를 역	｀｀ ˋˋ ˋˋ 屰 屰 逆							
之	之	之	之					
갈 지	｀ 一 ﾂ 之							
友	友	友	友					
벗 우	一 ナ 方 友							

亡國之音 망국지음

'나라를 망칠 음악. 멸망한 나라의 음악'이라는 뜻으로, 음란하고 사치한 음악. 나라를 망치는 저속하고 잡스러운 음악을 일컬음.

亡	亡	亡	亡				
망할 망		`丶 亠 亡`					
國	國	國	國				
나라 국		`冂 冂 国 国 國 國`					
之	之	之	之				
갈 지		`丶 亠 ㇈ 之`					
音	音	音	音				
소리 음		`丶 亠 丷 产 音 音`					

忘年之友 망년지우

'나이를 잊은 벗'이라는 뜻으로, 연장자가 나이를 따지지 않고 사귀는 젊은 벗. 나이의 차를 초월한 친밀한 사귐.

忘	忘	忘	忘				
잊을 망		`丶 亠 亡 产 忘 忘`					
年	年	年	年				
해 년		`丿 ㇀ 乍 乍 年`					
之	之	之	之				
갈 지		`丶 亠 ㇈ 之`					
友	友	友	友				
벗 우		`一 ナ 方 友`					

忘憂之物 망우지물

'시름을 잊어버리게 하는 물건'이라는 뜻으로, 술을 마시면 근심을 잊는다는 데서, 술을 일컫는 말.

忘	忘	忘	忘						
잊을 망	` 亠 亡 产 忘 忘								
憂	憂	憂	憂						
근심 우	一 百 直 恿 夢 憂								
之	之	之	之						
갈 지	` 亠 宀 之								
物	物	物	物						
만물 물	ﾉ 牛 牜 牞 物 物								

望雲之情 망운지정

'멀리 구름을 바라보는 정'이라는 뜻으로, 멀리 떠나 있는 자식이 고향 땅의 부모님을 그리워하는 애틋한 마음을 일컬음.

望	望	望	望						
바랄 망	亠 钌 胡 胡 望 望								
雲	雲	雲	雲						
구름 운	宀 干 乖 雪 霻 雲								
之	之	之	之						
갈 지	` 亠 宀 之								
情	情	情	情						
뜻 정	忄 忊 忭 情 情 情								

罔知所措 망지소조
갈팡질팡 어찌할 바를 모름. 너무 당황하거나 급하여 어찌할 바를 모름.

罔	罔	罔	罔					
그물(없을) 망	冂 冂 罔 罔 罔 罔							
知	知	知	知					
알 지	▲ ヒ 矢 矢 知 知							
所	所	所	所					
바 소	` ᄀ ᄼ 所 所 所							
措	措	措	措					
둘 조	扌 扌 扑 措 措 措							

孟母斷機 맹모단기
'맹자의 어머니가 베를 끊었다'는 뜻으로, 학업을 중도에서 그만둠을 훈계하는 말.

孟	孟	孟	孟					
맏 맹	子 予 孟 孟 孟 孟							
母	母	母	母					
어미 모	ㄴ 乃 母 母 母							
斷	斷	斷	斷					
끊을 단	幺 丝 絲 斷 斷 斷							
機	機	機	機					
베틀 기	栏 栏 機 機 機 機							

孟母三遷 맹모삼천

'맹자의 어머니가 세 번 이사 간다'라는 뜻으로, 맹자의 어머니가 맹자의 교육을 위해 세 번이나 이사를 한 가르침. 교육에는 주위 환경이 중요하다는 가르침.

孟	孟	孟	孟						
맏 맹	子 子 舌 舌 盃 孟								
母	母	母	母						
어미 모	乚 乜 母 母 母								
三	三	三	三						
석 삼	一 二 三								
遷	遷	遷	遷						
옮길 천	西 亞 粟 粟 辠 遷								

盲者丹靑 맹자단청

'소경이 단청 구경을 한다'는 뜻으로, 사물을 바로 감정할 능력이 없어 보이는 경우를 일컫는 말.

盲	盲	盲	盲						
소경 맹	丶 亠 亡 言 盲 盲								
者	者	者	者						
놈 자	土 耂 耂 者 者 者								
丹	丹	丹	丹						
붉을 단	丿 几 月 丹								
靑	靑	靑	靑						
푸를 청	一 十 圭 靑 靑 靑								

面從腹背 면종복배

'낯(얼굴)으로는 따르지만 뱃속으로는 등지다'는 뜻으로, 겉으로는 복종하는 체하면서 내심으로는 배반함.

面	面	面	面						
낯 면		ㄱ ㄶ 丙 而 面 面							
從	從	從	從						
좇을 종		彳 彳ㄴ 彳ㅑ 彳 從 從							
腹	腹	腹	腹						
배 복		月 ㄆ 胪 胪 腹 腹							
背	背	背	背						
등 배		ㅕ ㅕ 北 北 背 背							

明鏡止水 명경지수

'맑은 거울같이 조용히 멈춘 물'이라는 뜻으로, 잔잔한 물처럼 맑고 고요한 심경을 일컫는 말.

明	明	明	明						
밝을 명		ㅣ ㄇ 日 明 明 明							
鏡	鏡	鏡	鏡						
거울 경		ㅗ ㅑ 金 鈩 鎔 鏡							
止	止	止	止						
그칠 지		ㅣ ㅏ ㅑ 止							
水	水	水	水						
물 수		ㅓ 刈 水 水							

名實相符 명실상부

이름과 실상이 서로 들어맞음.

名	名	名	名						
이름 명		ノ ク タ タ 名 名							
實	實	實	實						
사실 실		宀 宀 宀 宲 宲 實							
相	相	相	相						
서로 상		一 十 木 村 相 相							
符	符	符	符						
부적 부		⺮ ⺮ ⺮ 竺 符 符							

明若觀火 명약관화

'불을 보는 것 같이 밝게 보인다'는 뜻으로, 더할 나위 없이 명백함.

明	明	明	明						
밝을 명		丨 冂 日 旳 明 明							
若	若	若	若						
같을 약		艹 艹 芒 芒 若 若							
觀	觀	觀	觀						
볼 관		艹 吂 庐 葿 觀 觀							
火	火	火	火						
불 화		丶 丷 少 火							

命在頃刻 명재경각

'목숨이 경각에 있다'라는 뜻으로, 거의 죽게 되어 숨이 곧 끊어질 지경에 이름.

命	命	命	命						
목숨 명	人 人 合 合 命 命								
在	在	在	在						
있을 재	一 ナ ナ 右 在 在								
頃	頃	頃	頃						
잠깐 경	` ヒ ヒ ヒ 頃 頃								
刻	刻	刻	刻						
새길 각	一 士 歩 歩 亥 刻								

目不識丁 목불식정

'고무래를 보고도 그것이 고무래 정자인 줄 모른다'라는 뜻으로, 글자를 전혀 모르거나 그런 사람을
비유하여 일컫는 말.

目	目	目	目						
눈 목	l 冂 冃 月 目								
不	不	不	不						
아닐 불	一 ブ ズ 不								
識	識	識	識						
알 식	言 言 諳 諳 識 識								
丁	丁	丁	丁						
고무래 정	一 丁								

武陵桃源 무릉도원

'무릉의 복숭아 샘'이라는 뜻으로, 이 세상과 따로 떨어진 별천지. 사람들이 화목하고 행복하게 살 수 있다는 이상향. 유토피아.

武	武	武	武						
호반 무		ー 二 干 正 武 武							
陵	陵	陵	陵						
언덕 릉		３ 阝 阡 阡 陟 陵 陵							
桃	桃	桃	桃						
복숭아나무 도		十 木 朳 朳 朓 桃							
源	源	源	源						
근원 원		氵 氵 沪 沔 源 源							

無法天地 무법천지

'법이 없는 세상'이라는 뜻으로, 질서 없는 난폭한 행위가 행하여지는 판.

無	無	無	無						
없을 무		ノ ト 二 無 無 無							
法	法	法	法						
법 법		氵 氵 汁 法 法 法							
天	天	天	天						
하늘 천		ー 二 开 天							
地	地	地	地						
땅 지		ー 十 土 圵 地 地							

無主空山 무주공산

'주인 없는 빈 산'이라는 뜻으로, 아직 개척되지 않은 분야나 시장을 비유하는 말.

無	無	無	無				
없을 무	ノ 스 트 無 無 無						
主	主	主	主				
주인 주	ヽ ニ ナ 主 主						
空	空	空	空				
빌 공	ヽ 宀 宀 空 空 空						
山	山	山	山				
뫼 산	丨 山 山						

聞一知十 문일지십

'한 가지를 들으면 열 가지를 미루어 안다'라는 뜻으로, 매우 이해가 빠른 것. 아주 작은 힌트로 전체를 이해할 수 있는 것. 또는 그 능력을 지닌 사람.

聞	聞	聞	聞				
들을 문	⺡ 門 門 門 門 聞 聞						
一	一						
한 일	一						
知	知	知	知				
알 지	ノ 스 矢 知 知 知						
十	十	十	十				
열 십	一 十						

門前成市 문전성시

'문 앞이 저자를 이룬다'라는 뜻으로, 찾아오는 사람이 많음을 일컫는 말. 권세가나 부잣집 문 앞이 방문객으로 저자를 이루다시피 붐빔을 일컬음.

門	門	門	門				
문 문			｜ ｜ ｆ ｢ 門 門				
前	前	前	前				
앞 전			＼ ＼ ＼ 前 前 前				
成	成	成	成				
이룰 성			厂 厂 厈 成 成 成				
市	市	市	市				
저자 시			＼ ＼ 广 方 市				

物我一體 물아일체

'자연물과 자아가 하나된 상태'라는 뜻으로, 대상물에 완전히 몰입된 경지를 일컬음.

物	物	物	物				
만물 물			＼ 夲 牜 牜 物 物				
我	我	我	我				
나 아			＼ 手 手 我 我 我				
一	一	一	一				
한 일			一				
體	體	體	體				
몸 체			骨 骨 骨 體 體 體 體				

尾生之信 미생지신

'미생의 믿음'라는 뜻으로, 너무 고지식해서 융통성이 없는 신의. 또는 지나치게 고지식함. 한편으로는 신의가 굳음을 뜻하기도 함.

尾	尾	尾	尾						
꼬리 미	ㄱㄱ尸尸尾尾								
生	生	生	生						
날 생	ノ一牛牛生								
之	之	之	之						
갈 지	丶一ヲ之								
信	信	信	信						
믿을 신	ノイイ信信信								

博而不精 박이부정

'널리 알지만 자세하지는 못하다'는 뜻으로, 지식의 정도가 분야는 넓지만 깊이는 얕은 것을 말함.

博	博	博	博						
넓을 박	十恒博博博博								
而	而	而	而						
어조사 이	一ブ广丙而而								
不	不	不	不						
아닐 부	一ブ不不								
精	精	精	精						
세밀할 정	米糸粁精精精								

博學多識 박학다식

학식이 넓고 아는 것이 많음.

博	博	博	博						
넓을 박	ナ 恒 恒 博 博 博								
學	學	學	學						
배울 학	⺊ 臼 臼 與 學 學								
多	多	多	多						
많을 다	ノ ク タ タ 多 多								
識	識	識	識						
알 식	言 訐 訐 識 識 識								

半信半疑 반신반의

'반은 믿고 반은 의심한다'는 뜻으로, 완전히 불신하는 것은 아니지만 확실히 믿지도 못하는 상태를 이르는 말.

半	半	半	半						
반 반	ン ゝ ⺍ ⼆ 半								
信	信	信	信						
믿을 신	ノ イ 亻 信 信 信								
半	半	半	半						
반 반	ン ゝ ⺍ ⼆ 半								
疑	疑	疑	疑						
의심할 의	ヒ 矣 疑 疑 疑 疑								

84

拔山蓋世 발산개세

'산을 뽑고 세상을 덮다'라는 뜻으로, 힘이 산이라도 뽑아 던질 만하고 세상을 덮을 정도로 그 기력이
웅대함.

拔	拔	拔	拔					
뺄 발		ᄼ 扌 ᆍ 扐 扐 拔 拔						
山	山	山	山					
뫼 산		ㅣ 屵 山						
蓋	蓋	蓋	蓋					
덮을 개		ᅳ 芏 莗 莗 蓋 蓋						
世	世	世	世					
세상 세		一 十 卅 世 世						

傍若無人 방약무인

'곁에 사람이 없는 것과 같다'라는 뜻으로, 남의 입장을 생각지 않고 제멋대로 마구 행동함. 또는 아무
거리낌도 없이, 버릇없이 함부로 행동함.

傍	傍	傍	傍					
곁 방		ᅳ ᅡ 产 庐 㦇 傍						
若	若	若	若					
같을 약		ᅳ 艹 艹 芋 若 若						
無	無	無	無					
없을 무		ノ 仁 二 無 無 無						
人	人	人	人					
사람 인		ノ 人						

背水之陣 배수지진

'물을 등지고 진을 친다'이라는 뜻으로, 전력을 다해서 승부에 임하는 것. 또는 목숨을 걸고 결사적으로 싸움에 임하는 경우의 비유.

背	背	背	背						
등 배	ノ 긘 北 背 背								
水	水	水	水						
물 수	丨 기 水 水								
之	之	之	之						
갈 지	丶 ㄴ 之 之								
陣	陣	陣	陣						
진칠 진	阝 阝 阿 陌 陣 陣								

背恩忘德 배은망덕

남에게서 입은 은혜와 덕택을 저버리고 배반함. 또는 그런 태도가 있음.

背	背	背	背						
등 배	ノ 긘 北 背 背								
恩	恩	恩	恩						
은혜 은	冂 冈 因 因 恩 恩								
忘	忘	忘	忘						
잊을 망	丶 ㄴ 亡 忘 忘								
德	德	德	德						
큰 덕	彳 彳 彳 德 德 德								

白骨難忘 백골난망

'죽어도 잊지 못할 큰 은혜를 입음'이란 뜻으로, 남에게 큰 은혜나 덕을 입었을 때 고마움을 표시하는 말.

白	白	白	白				
흰 백	´ ′ 白 白 白						
骨	骨	骨	骨				
뼈 골	丷 冎 咼 骨 骨 骨						
難	難	難	難				
어려울 난	莒 莫 鄭 鄭 鄭 難						
忘	忘	忘	忘				
잊을 망	` 亠 亡 产 忘 忘						

百年河清 백년하청

'백 년을 기다린다 해도 황하의 흐린 물은 맑아지지 않는다'는 뜻으로, 오랫동안 기다려도 바라는 것이
이루어질 수 없음을 이르는 말.

百	百	百	百				
일백 백	一 丆 丆 百 百 百						
年	年	年	年				
해 년	′ ⊢ 느 느 年						
河	河	河	河				
물 하	氵 氵 沪 沪 河 河						
清	清	清	清				
맑을 청	氵 氵 汁 浐 清 清						

白面書生 백면서생

'희고 고운 얼굴에 글만 읽는 사람'이란 뜻으로, 오로지 글만 읽고 세상일에 경험이 없는 사람.

白	白	白	白				
흰 백		′ ′ ′ 白 白 白					
面	面	面	面				
낯 면		′ ′ 丆 而 面 面					
書	書	書	書				
글 서		⁻ ⁺ 聿 聿 書 書 書					
生	生	生	生				
날 생		′ ′ ⺧ 牛 生					

百折不屈 백절불굴

'백 번 꺾여도 굴하지 않는다'는 뜻으로, 어떠한 어려움에도 결코 굽히지 않음을 일컬음.

百	百	百	百				
일백 백		⁻ ⁻ 丆 丆 百 百					
折	折	折	折				
꺾을 절		⁻ 十 扌 扩 折 折					
不	不	不	不				
아니 불		⁻ 丆 丆 不					
屈	屈	屈	屈				
굽을 굴		尸 尸 屈 屈 屈 屈					

百害無益 백해무익
해롭기만 하고 조금도 이로울 것이 없음.

百	百	百	百					
일백 백	一 丆 丆 丆 百 百							
害	害	害	害					
해로울 해	宀 宁 宇 宇 害 害							
無	無	無	無					
없을 무	ノ 亇 亡 無 無 無							
益	益	益	益					
더할 익	八 쓰 스 谷 谷 益							

釜中之魚 부중지어
'가마솥 안에 든 물고기'라는 뜻으로, 곧 삶아지는 것도 모르고 솥 안에서 헤엄치고 있는 물고기. 즉
목숨이 위급할 처지에 있음.

釜	釜	釜	釜					
가마솥 부	ハ 父 父 斧 斧 釜							
中	中	中	中					
가운데 중	ᐧ 口 口 中							
之	之	之	之					
갈 지	ᐧ 亠 ㇋ 之							
魚	魚	魚	魚					
물고기 어	ノ 夕 夕 侖 魚 魚							

不知其數 부지기수

'그 수를 헤아릴 수 없다'라는 뜻으로, 매우 많음을 일컬음.

不	不	不	不					
아닐 부		一 フ 不 不						
知	知	知	知					
알 지		ト 느 矢 知 知 知						
其	其	其	其					
그 기		一 十 艹 甘 其 其						
數	數	數	數					
셀 수		口 呂 뮤 婁 婁 數						

夫唱婦隨 부창부수

'지아비는 이끌고 지어미는 따른다'는 뜻으로, 가정에서의 부부 화합의 도리를 이르는 말임.

夫	夫	夫	夫					
지아비 부		一 二 主 夫						
唱	唱	唱	唱					
노래 창		口 叩 叩 唱 唱 唱						
婦	婦	婦	婦					
며느리 부		女 女' 妒 妒 婦 婦						
隨	隨	隨	隨					
따를 수		阝 阝 隋 隋 隨 隨						

北風寒雪 북풍한설

북쪽에서 불어오는 찬바람과 차가운 눈.

北	北	北	北				
북녘 북	ㅣ ㅓ ㅓ ㅓ 北						
風	風	風	風				
바람 풍	几 几 凨 風 風 風						
寒	寒	寒	寒				
찰 한	宀 宀 宊 寒 寒 寒						
雪	雪	雪	雪				
눈 설	雨 雨 雨 雪 雪 雪						

不可抗力 불가항력

'인간의 힘만으로는 도저히 저항해 볼 수도 없는 힘'이라는 뜻으로, 천재지변, 우발사고 따위와 같이 사람의 힘으로는 어찌할 수 없는 힘이나 사태.

不	不	不	不				
아닐 불	一 ア イ 不						
可	可	可	可				
옳을 가	一 一 一 可 可						
抗	抗	抗	抗				
막을 항	一 ㅓ ㅓ 扩 扩 抗						
力	力	力	力				
힘 력	ㄱ 力						

不俱戴天 불구대천

'하늘을 함께 머리에 이고 있을 수 없다'라는 뜻으로, 한 하늘 아래에 같이 살 수 없음. 반드시 죽이거나 도저히 용서할 수 없을 정도로 깊은 원한을 지님. 원래는 아버지의 원수를 의미.

不	不	不	不					
아닐 불		一 フ 不 不						
俱	俱	俱	俱					
함께 구		亻 亻 亻 但 俱 俱						
戴	戴	戴	戴					
머리에 일 대		士 吉 查 責 戴 戴						
天	天	天	天					
하늘 천		一 二 チ 天						

不問可知 불문가지

묻지 않아도 능히 알 수 있음.

不	不	不	不					
아닐 불		一 フ 不 不						
問	問	問	問					
물을 문		冂 冋 門 門 問 問						
可	可	可	可					
옳을 가		一 一 冂 口 可						
知	知	知	知					
알 지		亅 亠 矢 矢 知 知						

四面楚歌 사면초가

'사방에서 들리는 초나라의 노래'라는 뜻으로, 사방이 적에게 포위된 상태, 또는 누구의 도움도 받을 수 없는 고립무원의 처지를 일컬음.

四	四	四	四						
넉 사	ㅣ 冂 冂 四 四								
面	面	面	面						
방위 면	一 丆 丙 面 面 面								
楚	楚	楚	楚						
초나라 초	十 木 林 梺 梺 楚								
歌	歌	歌	歌						
노래 가	可 可 哥 哥 歌 歌								

山戰水戰 산전수전

'산에서의 싸움과 물에서의 싸움'이라는 뜻으로, 세상의 온갖 고난을 다 겪어 세상일에 경험이 많음을 일컫는 말.

山	山	山	山						
뫼 산	ㅣ 凵 山								
戰	戰	戰	戰						
싸움 전	吅 單 單 戰 戰 戰								
水	水	水	水						
물 수	ㅣ 기 水 水								
戰	戰	戰	戰						
싸움 전	吅 單 單 戰 戰 戰								

山海珍味 산해진미

'산과 바다의 산물을 다 갖추어 아주 잘 차린 진귀한 음식'이라는 뜻으로, 온갖 귀한 재료로 만든 맛좋은 음식을 일컬음.

山	山	山	山							
뫼 산		ㅣ 山 山								
海	海	海	海							
바다 해		氵 汁 汁 海 海 海								
珍	珍	珍	珍							
보배 진		ˊ ㅜ ㅌ 王 玽 珍								
味	味	味	味							
맛 미		口 口 吀 吽 味 味								

殺身成仁 살신성인

'자신을 죽여서라도 인을 이룬다'는 뜻으로, 옳은 일을 위해서 목숨을 바침을 일컬음.

殺	殺	殺	殺							
죽일 살		乄 杀 条 殺 殺 殺								
身	身	身	身							
몸 신		ˊ ㅣ 竹 身 身 身								
成	成	成	成							
이룰 성		厂 ㄏ 厇 成 成 成								
仁	仁	仁	仁							
어질 인		ノ イ 仁 仁								

塞翁之馬 새옹지마

'변방에 사는 노인의 말'이라는 뜻으로, 세상만사는 변화가 많아 어느 것이 화가 되고, 어느 것이 복이 될지 알 수 없는 일. 또는, 인생의 길흉화복은 미리 헤아릴 수가 없다는 말.

塞	塞	塞	塞						
변방 새	宀 宀 宀 宭 実 塞								
翁	翁	翁	翁						
늙은이 옹	八 公 爷 爷 翁 翁								
之	之	之	之						
갈 지	丶 亠 云 之								
馬	馬	馬	馬						
말 마	丨 厂 丐 厈 馬 馬								

生面不知 생면부지

이전에 만나 본 일이 없어 전혀 모르는 사람. 또는 그런 관계.

生	生	生	生						
날 생	丿 ㅏ 生 生 生								
面	面	面	面						
낯 면	丆 丆 币 而 面 面								
不	不	不	不						
아닐 부	一 丆 才 不								
知	知	知	知						
알 지	丿 ㅡ 矢 知 知 知								

先見之明 선견지명
'앞을 내다보는 안목'이라는 뜻으로, 닥쳐올 일을 미리 아는 슬기로움.

先	先	先	先					
먼저 선	ノ ト ト 生 歩 先							
見	見	見	見					
볼 견	l П Ħ 月 貝 見							
之	之	之	之					
갈 지	` 宀 ヲ 之							
明	明	明	明					
밝을 명	l П Ħ 即 明 明							

雪上加霜 설상가상
'눈 위에 또 서리가 내린다'는 뜻으로, 어려운 일이 겹침을 일컬음. 불행이 엎친 데 덮치기.

雪	雪	雪	雪					
눈 설	宀 干 雨 雩 雪 雪							
上	上	上	上					
위 상	l ト 上							
加	加	加	加					
더할 가	フ カ 加 加 加							
霜	霜	霜	霜					
서리 상	宀 干 雨 雫 霜 霜							

眼下無人 안하무인

'눈 아래 사람이 없다'는 뜻으로, 교만하여 저밖에 없는 듯이 사람들을 업신여김.

眼	眼	眼	眼						
눈 안	目 目¹ 目ㅋ 盰 眼 眼								
下	下	下	下						
아래 하	一 丁 下								
無	無	無	無						
없을 무	ᐟ ᐟᐱ ᐱᐡ 無 無 無								
人	人	人	人						
사람 인	ノ 人								

羊頭狗肉 양두구육

'양의 머리를 내걸고 개고기를 판다'라는 뜻으로, 겉과 속이 일치하지 않거나, 겉은 훌륭하게 보이나 속은 변변치 않음.

羊	羊	羊	羊						
양 양	ᐟ ᐟᐟ ᐨ ᐦ ᐬ 羊								
頭	頭	頭	頭						
머리 두	豆 豆ᐢ 頭 頭 頭 頭								
狗	狗	狗	狗						
개 구	ᐣ ᐣᐟ 豹 豹 狗 狗								
肉	肉	肉	肉						
고기 육	l 冂 内 内 肉 肉								

漁父之利 어부지리

'어부의 이익'이라는 뜻으로, 둘이 다투고 있는 사이에 엉뚱한 사람이(어부가) 애쓰지 않고 이익을 얻게 됨.
또는, 그 이익.

漁	漁	漁	漁						
고기잡을 어	氵 氵 氵 漁 漁 漁								
父	父	父	父						
사내 부	㇀ 八 ク 父								
之	之	之	之						
갈 지	丶 亠 ㇇ 之								
利	利	利	利						
이익 이	㇒ 二 千 禾 利 利								

五里霧中 오리무중

'사방 오 리에 걸친 깊은 안개 속'이라는 뜻으로, 사물의 행방이나 사태의 추이가 어디에 있는지 찾을
길이 막연하거나 갈피를 잡을 수 없음을 일컫는 말. 마음이 뒤숭숭해서 뭐가 뭔지 알 수 없음.

五	五	五	五						
다섯 오	一 丁 五 五								
里	里	里	里						
마을 리	丨 冂 日 甲 甲 里								
霧	霧	霧	霧						
안개 무	雨 雫 雺 霖 霧 霧								
中	中	中	中						
가운데 중	丨 冂 口 中								

搖之不動 요지부동
흔들어도 조금도 움직이지 않음.

搖	搖	搖	搖					
흔들 요	扌 扩 护 挥 搓 搖							
之	之	之	之					
갈 지	` 一 ラ 之							
不	不	不	不					
아닐 부	一 フ ア 不							
動	動	動	動					
움직일 동	一 亡 重 重 動 動							

龍頭蛇尾 용두사미
'머리는 용이고 꼬리는 뱀'이라는 뜻으로, 처음은 좋으나 끝이 좋지 않음의 비유.

龍	龍	龍	龍					
용 용	育 育 龍 龍 龍 龍							
頭	頭	頭	頭					
머리 두	豆 豆 頭 頭 頭 頭							
蛇	蛇	蛇	蛇					
뱀 사	虫 虫 虫 虫 蛇 蛇							
尾	尾	尾	尾					
꼬리 미	一 コ ア 尸 戸 尾							

用意周到 용의주도
'어떤 일을 할 마음이 두루 미친다'는 뜻으로, 마음의 준비가 두루 미쳐 빈틈이 없음.

用	用	用	用					
쓸 용	丿 刀 月 月 用							
意	意	意	意					
뜻 의	立 音 音 音 意 意							
周	周	周	周					
두루 주	丿 刀 月 月 用 周							
到	到	到	到					
이를 도	一 厶 至 至 至 到							

牛刀割鷄 우도할계
'소 잡는 칼로 닭을 잡는다'는 뜻으로, 작은 일을 하는데 너무 큰 기구를 사용함의 비유.

牛	牛	牛	牛					
소 우	丿 ﬞ 二 牛							
刀	刀	刀	刀					
칼 도	刁 刀							
割	割	割	割					
나눌 할	宀 宀 宀 宔 害 割							
鷄	鷄	鷄	鷄					
닭 계	孚 奚 鈪 鈪 鷄 鷄							

愚問愚答 우문우답
어리석은 물음에 어리석은 대답.

愚	愚	愚	愚						
어리석을 우		日 吊 禺 禺 愚 愚							
問	問	問	問						
물을 문		卩 𠂤 門 門 問 問							
愚	愚	愚	愚						
어리석을 우		日 吊 禺 禺 愚 愚							
答	答	答	答						
대답할 답		ㅅ 𥫗 𥫗 笒 答 答							

有口無言 유구무언
'입은 있으나 말이 없다'는 뜻으로, 변명할 말이 없음.

有	有	有	有						
있을 유		一 ナ 才 冇 有 有							
口	口	口	口						
입 구		丨 冂 口							
無	無	無	無						
없을 무		ﾉ 스 ㅗ 無 無 無							
言	言	言	言						
말씀 언		丶 ㄓ 言 言 言 言							

類類相從 유유상종

'같은 무리끼리 서로 따르다'라는 뜻으로, 비슷한 사람끼리는 서로 왕래하여 모이기 쉽다는 것. (착한 사람의 주위에는 착한 사람이 모이고, 나쁜 사람의 주위에는 나쁜 사람이 모임).

類	類	類	類						
무리 유	＊ 类 类 紮 類 類								
類	類	類	類						
무리 유	＊ 类 类 紮 類 類								
相	相	相	相						
서로 상	一 十 木 相 相 相								
從	從	從	從						
좇을 종	彳 彿 彿 徉 從 從								

有終之美 유종지미

'끝을 잘 맺는 아름다움'이라는 뜻으로, 시작한 일을 끝까지 잘하여 결과가 좋음. 곧, 처음부터 끝까지 훌륭하게 해내고, 훌륭한 성과를 올리는 것을 말함.

有	有	有	有						
있을 유	一 ナ オ 有 有 有								
終	終	終	終						
마칠 종	糸 紀 約 終 終 終								
之	之	之	之						
갈 지	丶 二 ㇇ 之								
美	美	美	美						
아름다울 미	˙ ˙ ㇀ ㇀ 羊 羊 美								

以實直告 이실직고

사실 그대로 고함.

以	以	以	以						
써 이		ㅣ ㇏ ㇄ 以 以							
實	實	實	實						
열매 실		宀 宀 宀 宲 實 實							
直	直	直	直						
곧을 직		一 十 亣 百 直 直							
告	告	告	告						
알릴 고		㇒ ㇓ 生 牛 告 告							

以心傳心 이심전심

'마음에서 마음으로 전한다'라는 뜻으로, 말이나 글에 의하지 않고 마음에서 마음으로 전달됨.

以	以	以	以						
써 이		ㅣ ㇏ ㇄ 以 以							
心	心	心	心						
마음 심		㇔ 心 心 心							
傳	傳	傳	傳						
전할 전		㑥 㑥 伸 俥 傳 傳							
心	心	心	心						
마음 심		㇔ 心 心 心							

以熱治熱 이열치열

'열은 열로써 다스린다'는 뜻으로, 힘은 힘으로 물리침을 일컬음.

以	以	以	以						
써 이		ㅣ ㄴ ㄴ 以 以							
熱	熱	熱	熱						
더울 열		ㅗ ㅊ 坴 刲 執 熱							
治	治	治	治						
다스릴 치		氵 氵 沪 治 治 治							
熱	熱	熱	熱						
더울 열		ㅗ ㅊ 坴 刲 執 熱							

以夷制夷 이이제이

'오랑캐를 이용하여 오랑캐를 제압한다'라는 뜻으로, 외국끼리 서로 싸우게 함으로써 그 세력을 억제하여 자국의 이익과 안전을 꾀하는 외교정책을 일컬음.

以	以	以	以						
써 이		ㅣ ㄴ ㄴ 以 以							
夷	夷	夷	夷						
오랑캐 이		一 ㄱ ㄹ 弓 夷 夷							
制	制	制	制						
마를(제압할) 제		ㄴ ㅑ 뉴 柿 制 制							
夷	夷	夷	夷						
오랑캐 이		一 ㄱ ㄹ 弓 夷 夷							

人命在天 인명재천

'사람의 목숨은 하늘에 있다'는 뜻으로, 사람이 오래 살고 죽음이 다 하늘에 매여 있음.

人	人	人	人					
사람 인	ノ 人							
命	命	命	命					
목숨 명	人 人 合 合 命 命							
在	在	在	在					
있을 재	一 ナ オ 右 在 在							
天	天	天	天					
하늘 천	一 二 チ 天							

一擧兩得 일거양득

한 가지 일을 하여 두 가지 이익을 거둠.

一	一	一	一					
한 일	一							
擧	擧	擧	擧					
들 거	跙 跙 卿 與 與 擧							
兩	兩	兩	兩					
두 양	一 门 冂 币 币 雨 兩							
得	得	得	得					
얻을 득	彳 彳日 彳日 彳日 得 得							

一脈相通 일맥상통

'한가지로 서로 통하다'는 뜻으로, 생각이나 처지, 상태 등이 한가지로 서로 통함.

一	一	一	一				
한 일	一						
脈	脈	脈	脈				
맥 맥	月 𦜝 𦜝 𦜝 脈 脈						
相	相	相	相				
서로 상	一 十 木 朴 相 相						
通	通	通	通				
통할 통	⁷ 甬 甬 涌 涌 通						

一魚濁水 일어탁수

'한 마리의 물고기가 온 물을 흐리게 한다'라는 뜻으로, 한 사람의 잘못으로 여러 사람이 그 해를 입게 됨을 일컬음.

一	一	一	一				
한 일	一						
魚	魚	魚	魚				
물고기 어	⸍ ⸍ 石 备 备 魚						
濁	濁	濁	濁				
흐릴 탁	氵 氵 沪 濁 濁 濁						
水	水	水	水				
물 수	」 키 水 水						

日就月將 일취월장

'날마다 달마다 성장하고 발전하다'라는 뜻으로, 학업이 날이 가고 달이 갈수록 진보, 발전함을 일컬음.

日	日	日	日					
날 일	ㅣ 冂 月 日							
就	就	就	就					
나아갈 취	亠 亨 京 京 就 就							
月	月	月	月					
달 월	） 刀 月 月							
將	將	將	將					
장수 장	ㅣ 丬 丬 㸯 將 將							

一片丹心 일편단심

'한 조각의 붉은 마음'이라는 뜻으로, 변치 않는 참된 마음을 일컫는 말.

一	一	一	一					
한 일	一							
片	片	片	片					
조각 편	） 丿' 广 片							
丹	丹	丹	丹					
붉을 단	） 刀 月 丹							
心	心	心	心					
마음 심	） 心 心 心							

立身揚名 입신양명

'몸을 세워 이름을 드날린다'라는 뜻으로, 출세하여 이름을 세상에 드날리다.

立	立	立	立					
설 입			` ㄴ 亠 立 立					
身	身	身	身					
몸 신			′ ㅣ 竹 身 身 身					
揚	揚	揚	揚					
드날릴 양			扌 扩 押 押 揚 揚					
名	名	名	名					
이름 명			′ ク タ 夕 名 名					

自暴自棄 자포자기

'스스로 몸을 해쳐 스스로를 버린다'는 뜻으로, 실망이나 불만으로 절망 상태에 빠져서, 자신을 버리고 돌보지 아니함.

自	自	自	自					
스스로 자			′ ㅣ 竹 甪 自 自					
暴	暴	暴	暴					
사나울 포			므 昻 杲 暴 暴 暴					
自	自	自	自					
스스로 자			′ ㅣ 竹 甪 自 自					
棄	棄	棄	棄					
버릴 기			亠 亠 玄 杏 杢 棄					

自畫自讚 자화자찬

'자기가 그린 그림을 자기 스스로 칭찬한다'라는 뜻으로, 곧 자기가 한 일을 자기 스스로 자랑함.

自	自	自	自				
스스로 자	′ ⺮ ⺆ ⺊ ⺊ 自						
畫	畫	畫	畫				
그림 화	⺄ ⺆ 申 書 書 畫						
自	自	自	自				
스스로 자	′ ⺮ ⺆ ⺊ ⺊ 自						
讚	讚	讚	讚				
칭찬할 찬	言 訁 訟 訟 讚 讚						

作心三日 작심삼일

'품은 마음이 삼 일을 못 간다'라는 뜻으로, 결심이 굳지 못함을 일컬음.

作	作	作	作				
지을 작	′ ⺅ ⺅ ⺬ 作 作						
心	心	心	心				
마음 심	′ 心 心 心						
三	三	三	三				
석 삼	⼀ ⼆ 三						
日	日	日	日				
날 일	⎮ ⺆ 月 日						

赤手空拳 적수공권

'맨손과 맨주먹'이라는 뜻으로, 아무것도 가진 것이 없음을 일컬음.

赤	赤	赤	赤				
붉을 적	一 十 土 亓 赤 赤						
手	手	手	手				
손 수	一 二 三 手						
空	空	空	空				
빌 공	丶 宀 空 空 空 空						
拳	拳	拳	拳				
주먹 권	丷 二 尹 失 叁 拳						

前無後無 전무후무

전에도 없었고 앞으로도 있을 수 없음.

前	前	前	前				
앞 전	丷 兰 亓 首 前 前						
無	無	無	無				
없을 무	丿 ㅓ 一 無 無 無						
後	後	後	後				
뒤 후	丿 彳 徉 律 徉 後						
無	無	無	無				
없을 무	丿 ㅓ 一 無 無 無						

轉禍爲福 전화위복

'화가 바뀌어 오히려 복이 된다'는 뜻으로, 어떤 불행한 일이라도 끊임없는 노력과 강인한 의지로 힘쓰면 불행을 행복으로 바꾸어 놓을 수 있다는 말.

轉	轉	轉	轉					
구를 전	軒 軒 轉 轉 轉 轉							
禍	禍	禍	禍					
재앙 화	禾 和 和 袻 禍 禍							
爲	爲	爲	爲					
할 위	´ ´ ´ ⼴ 爲 爲							
福	福	福	福					
복 복	禾 禾 福 福 福 福							

濟世之才 제세지재

세상을 구할 만한 능력. 그런 재주를 가진 사람.

濟	濟	濟	濟					
건널 제	汐 汐 澹 澹 濟 濟							
世	世	世	世					
세상 세	一 十 卄 世 世							
之	之	之	之					
갈 지	丶 一 ゔ 之							
才	才	才	才					
재주 재	一 十 才							

左之右之 좌지우지

'왼편으로 놓았다가 오른편에 놓았다'라는 뜻으로, 자기 생각대로(마음대로) 남을 다루는 것을 말함.

左	左	左	左						
왼쪽 좌	一 ナ ナ 左 左								
之	之	之	之						
갈 지	` 一 ㇐ 之								
右	右	右	右						
오른쪽 우	一 ナ オ 右 右								
之	之	之	之						
갈 지	` 一 ㇐ 之								

晝耕夜讀 주경야독

'낮에는 농사짓고 밤에는 글을 읽는다'라는 뜻으로, 어렵게 공부함을 일컬음.

晝	晝	晝	晝						
낮 주	一 ㇕ 聿 晝 晝 晝								
耕	耕	耕	耕						
밭갈 경	ᆖ 丰 耒 耒 耕 耕								
夜	夜	夜	夜						
밤 야	亠 广 疒 疠 夜 夜								
讀	讀	讀	讀						
읽을 독	言 訁 讀 讀 讀 讀								

竹馬故友 죽마고우

'대나무로 만든 목마를 타고 놀던 옛 친구'라는 뜻으로, 어릴 때부터 가까이 지내며 자란 친구를 일컫는 말.

竹	竹	竹	竹						
대 죽	ノ ト ケ ゲ 竺 竹								
馬	馬	馬	馬						
말 마	l 厂 厈 馬 馬 馬								
故	故	故	故						
옛 고	十 古 古 古 故 故								
友	友	友	友						
벗 우	一 ナ 方 友								

衆口難防 중구난방

'뭇사람의 말을 이루 다 막기가 어렵다'라는 뜻으로, 뭇사람의 여러 의견을 하나하나 받아넘기기 어려움. 또는 여러 사람이 질서 없이 마구 떠들어댈 때 쓰이는 말.

衆	衆	衆	衆						
무리 중	宀 血 血 乎 乎 衆								
口	口	口	口						
입 구	l 冂 口								
難	難	難	難						
어려울 난	堇 茣 菓 歎 歎 難								
防	防	防	防						
막을 방	' 3 阝 阝 防 防								

知彼知己 지피지기

'적을 알고 나를 알아야 한다'는 뜻으로, 적의 형편과 나의 형편을 자세히 알아야 한다는 의미.

知	知	知	知					
알 지			ㅗ 늣 矢 知 知 知					
彼	彼	彼	彼					
저 피			彳 彳 彳 彷 彼 彼					
知	知	知	知					
알 지			ㅗ 늣 矢 知 知 知					
己	己	己	己					
몸 기			ㄱ ㄱ 己					

進退兩難 진퇴양난

'나아가기도 어렵고 물러서기도 어려운 상태'라는 뜻으로, 궁지에 몰려 이러기도 어렵고 저러기도 어려운, 매우 난처한 처지에 놓여 있음을 일컬음.

進	進	進	進					
나아갈 진			亻 亻 亻 隹 隹 進					
退	退	退	退					
물러날 퇴			ㄱ ㅋ 艮 艮 艮 退					
兩	兩	兩	兩					
두 양			一 斤 雨 雨 雨 兩					
難	難	難	難					
어려울 난			莗 莫 斳 斳 斳 難					

進退維谷 진퇴유곡

'앞으로도 뒤로도 나아가거나 물러서지 못하다'는 뜻으로, 궁지에 빠진 상태.

進	進	進	進						
나아갈 진	亻 亠 亻 隹 隹 進								
退	退	退	退						
물러날 퇴	冖 彐 艮 艮 艮 退								
維	維	維	維						
맬 유	糸 糹 紵 絆 維 維								
谷	谷	谷	谷						
골 곡	丿 个 夕 父 谷 谷								

天高馬肥 천고마비

'하늘은 높고 말은 살찐다'는 뜻으로, 풍성한 가을의 좋은 시절. 또는 활동하기 좋은 계절을 일컬음.

天	天	天	天						
하늘 천	一 二 于 天								
高	高	高	高						
높을 고	丶 亠 亠 高 高 高								
馬	馬	馬	馬						
말 마	丨 冂 冂 馬 馬 馬								
肥	肥	肥	肥						
살찔 비	刀 月 肝 肥 肥 肥								

天方地軸 천방지축

'하늘 방향이 어디이고 땅의 축이 어디인지 모른다'는 뜻으로, 못난(어리석은) 사람이 종작없이 덤벙이는 일. 또는 너무 급박하여 방향을 잡지 못하고 함부로 날뛰는 일.

天	天	天	天				
하늘 천	ー ニ 手 天						
方	方	方	方				
모 방	丶 ー 亠 方						
地	地	地	地				
땅 지	ー 十 土 圵 圸 地						
軸	軸	軸	軸				
굴대 축	日 亘 車 軥 軸 軸						

天佑神助 천우신조

'하늘이 돕고 신이 돕는다'는 뜻으로, 생각지 않게 우연히 도움받는 것을 일컬음.

天	天	天	天				
하늘 천	ー ニ 手 天						
佑	佑	佑	佑				
도울 우	亻 亻 仕 估 佑 佑						
神	神	神	神				
신 신	禾 市 和 和 神						
助	助	助	助				
도울 조	丨 刀 月 且 助 助						

千載一遇 천재일우

'천 년에 한 번 만난다'라는 뜻으로, 좀처럼 얻기 어려운 좋은 기회나 어쩌다가 혹 한 번 만남을 일컬음.

千	千	千	千				
일천 천	´ 二 千						
載	載	載	載				
실을 재	± 声 章 軌 載 載						
一	一	一	一				
한 일	一						
遇	遇	遇	遇				
만날 우	咼 禺 禺 禺 遇 遇						

青山流水 청산유수

'푸른 산과 흐르는 물'이라는 뜻으로, 말을 거침없이 잘하는 모양이나 그렇게 하는 말의 비유.

青	青	青	青				
푸를 청	一 十 主 青 青 青						
山	山	山	山				
뫼 산	l 凵 山						
流	流	流	流				
흐를 유	氵 氵 浐 浐 流 流						
水	水	水	水				
물 수	亅 刁 氺 水						

青出於藍 청출어람

'쪽풀에서 나온 푸른 물감이 쪽빛보다 더 푸르다'라는 뜻으로, 제자가 스승보다 더 나음을 일컫는 말.

青	青	青	青					
푸를 청	一 十 土 青 青 青							
出	出	出	出					
날 출	乚 屮 屮 出 出							
於	於	於	於					
어조사 어	⸍ 二 亍 方 於 於							
藍	藍	藍	藍					
쪽 람	艹 芦 苫 蓝 藍 藍							

清風明月 청풍명월

'맑은 바람과 밝은 달'이라는 뜻으로, 초가을 밤의 싱그러운 느낌. 풍자와 해학으로 세상사를 논함을 비유하여 일컬음. 조용히 술을 마신다는 뜻으로도 쓰임.

清	清	清	清					
맑을 청	氵 氵 汁 清 清 清							
風	風	風	風					
바람 풍	几 几 凡 風 風 風							
明	明	明	明					
밝을 명	丨 冂 日 明 明 明							
月	月	月	月					
달 월	丿 刀 月 月							

初志一貫 초지일관
처음에 먹은 마음을 끝까지 관철함.

初	初	初	初					
처음 초	ラ 礻 衤 衤 初 初							
志	志	志	志					
뜻 지	一 十 士 志 志 志							
一	一	一	一					
한 일	一							
貫	貫	貫	貫					
꿰맬 관	ㄴ 口 毌 毌 貫 貫							

春秋筆法 춘추필법
『춘추』에 필삭을 더한 비판 방법'이라는 뜻으로, 대의명분을 밝혀 세우는 사필의 논법. 공정한 태도로
준엄하게 비판하는 것.

春	春	春	春					
봄 춘	二 三 夫 春 春 春							
秋	秋	秋	秋					
가을 추	二 千 禾 禾 秒 秋 秋							
筆	筆	筆	筆					
붓 필	⺮ 竺 竺 笁 筆 筆							
法	法	法	法					
법 법	氵 氵 汁 汢 法 法							

快刀亂麻 쾌도난마

'잘 드는 칼로 엉클어진 삼실을 자른다'는 뜻으로, 어지럽게 뒤얽힌 사물이나 말썽거리 사건 따위를
단번에 시원하게 처리함의 비유.

快	快	快	快					
쾌할 쾌	` 亻 忄 忄 快 快							
刀	刀	刀	刀					
칼 도	ㄱ 刀							
亂	亂	亂	亂					
어지러울 난	ㆍ ㆍ 屵 屵 屵 亂							
麻	麻	麻	麻					
삼 마	一 广 广 庁 庁 麻 麻							

他山之石 타산지석

'남의 산에 있는 하찮은 돌도 자기의 옥을 가는 데 쓰인다'는 뜻으로, 다른 사람의 하찮은 언행일지라도
자기의 지식이나 인격을 닦는데 도움이 된다는 말.

他	他	他	他					
다를 타	ノ 亻 亻 仲 他							
山	山	山	山					
뫼 산	ㅣ 凵 山							
之	之	之	之					
갈 지	ㆍ 宀 ㄎ 之							
石	石	石	石					
돌 석	一 ㄗ ㄭ 石 石							

貪官汚吏 탐관오리

'탐관과 오리'라는 뜻으로, 탐욕이 많고 행실이 깨끗하지 못한 관리를 일컬음.

貪	貪	貪	貪					
탐낼 탐		人 人 今 今 斉 斉 貪						
官	官	官	官					
벼슬 관		宀 宀 宁 宁 官 官						
汚	汚	汚	汚					
더러울 오		丶 丶 氵 氵 汙 汚						
吏	吏	吏	吏					
관리 리		一 一 三 吏 吏						

兎營三窟 토영삼굴

'토끼가 위난을 피하려고 구멍을 세 개 판다'는 뜻으로, 자신의 안전을 위해 미리 몇 가지의 술책을 짜 놓음.

兎	兎	兎	兎					
토끼 토		丶 丶 곱 尹 免 兎						
營	營	營	營					
경영할 영		丷 火 灬 灬 營 營						
三	三	三	三					
석 삼		一 二 三						
窟	窟	窟	窟					
굴 굴		宀 宀 宇 宇 窟 窟						

表裏不同 표리부동
'겉과 속이 같지 않음'이란 뜻으로, 마음이 음흉맞아서 겉과 속이 다름.

表	表	表	表				
겉표	十 丰 丰 耒 耒 表						
裏	裏	裏	裏				
속 리	亠 古 亩 重 裏 裏						
不	不	不	不				
아닐 부	一 ア 不 不						
同	同	同	同				
한가지 동	丨 冂 冋 同 同 同						

風前燈火 풍전등화
'바람 앞의 등불'이라는 뜻으로, 매우 위급한 처지에 있음. 또는, 사물의 덧없음을 일컬음.

風	風	風	風				
바람 풍	几 凡 凧 風 風 風						
前	前	前	前				
앞 전	丷 丷 盯 前 前 前						
燈	燈	燈	燈				
등불 등	丶 火 火丿 炒 燈 燈						
火	火	火	火				
불 화	丶 丶 少 火						

鶴首苦待 학수고대

'학처럼 목을 빼고 기다린다'는 뜻으로, 몹시 기다림을 일컬음.

鶴	鶴	鶴	鶴						
학 학		隺 隺 雚 鶴 鶴 鶴							
首	首	首	首						
머리 수		` ʼ 丷 艹 苦 首							
苦	苦	苦	苦						
쓸 고		一 十 艹 芦 芊 苦							
待	待	待	待						
기다릴 대		彳 彳 伫 待 待 待							

虛張聲勢 허장성세

'헛되이 목소리의 기세만 높인다'는 뜻으로, 실력이나 실속도 없이 헛소문과 허세만 떠벌림.

虛	虛	虛	虛						
빌 허		⺊ 广 卢 虍 虘 虛							
張	張	張	張						
베풀 장		ʼ 弓 引 張 張 張							
聲	聲	聲	聲						
소리 성		声 卢 殸 馨 馨 聲							
勢	勢	勢	勢						
기세 세		ㄐ 坴 埶 執 執 勢							

互角之勢 호각지세

'소가 서로 뿔을 맞대고 싸우는 형세'라는 뜻으로, 우열을 가리기 힘들 정도로 대등하게 겨루고 있는 모습.

互	互	互	互					
서로 호	一 T 互 互							
角	角	角	角					
뿔 각	' ⺈ 角 角 角 角							
之	之	之	之					
갈 지	` ⺊ ㇇ 之							
勢	勢	勢	勢					
기세 세	圥 幸 封 執 執 勢							

浩然之氣 호연지기

'하늘과 땅 사이에 가득찬 넓고도 큰 기운'이라는 뜻으로, 도의에 뿌리를 두고 공명정대하여 조금도 부끄러울 바 없는 도덕적 용기. 사물에서 해방되어 자유스럽고 유쾌한 마음을 일컬음.

浩	浩	浩	浩					
넓을 호	氵 氻 泩 泩 浩 浩							
然	然	然	然					
그러할 연	夕 夕 狀 狄 狀 然							
之	之	之	之					
갈 지	` ⺊ ㇇ 之							
氣	氣	氣	氣					
기운 기	⺈ ⺧ 气 気 氣 氣							

弘益人間 홍익인간

'널리 인간을 이롭게 한다'라는 뜻. 『삼국유사』에 나오는 단군의 건국이념으로 우리나라 정치, 교육의 기본 정신.

弘	弘	弘	弘					
넓을 홍	ゔ ゔ 弖 弘 弘							
益	益	益	益					
더할 익	八 公 公 谷 谷 益 益							
人	人	人	人					
사람 인	丿 人							
間	間	間	間					
사이 간	門 門 門 門 間 間							

換骨奪胎 환골탈태

'뼈를 바꾸고 태를 빼앗는다'는 뜻으로, 얼굴이 전보다 변해 아름답게 됨. 또는, 남의 시나 문장 따위의 발상이나 표현을 본뜨되, 자기 나름의 창의를 보태어 자작처럼 꾸밈을 일컬음.

換	換	換	換					
바꿀 환	扌 扩 护 护 換 換							
骨	骨	骨	骨					
뼈 골	冂 冎 咼 骨 骨 骨							
奪	奪	奪	奪					
빼앗을 탈	大 木 本 布 奪 奪							
胎	胎	胎	胎					
아이밸 태	刀 月 肜 胎 胎 胎							

會者定離 회자정리
'만나는 사람은 반드시 헤어질 운명에 있다'는 뜻으로, 인생의 무상함을 일컬음.

會	會	會	會					
모을 회		人 合 슌 슌 슌 會						
者	者	者	者					
놈 자		土 耂 耂 者 者 者						
定	定	定	定					
정할 정		宀 宀 宀 宁 宇 定 定						
離	離	離	離					
떠날 리		卤 齐 离 离 離 離						

後生可畏 후생가외
'젊은 후배들은 두려워할 만하다'라는 뜻으로, 젊은이는 장차 얼마나 큰 역량을 나타낼지 모르기 때문에 함부로 대하기가 어렵다는 말.

後	後	後	後					
뒤 후		′ 彳 彳 𢓜 後 後 後						
生	生	生	生					
날 생		′ ⼀ ⼦ 牛 生						
可	可	可	可					
옳을 가		一 丆 丆 可 可						
畏	畏	畏	畏					
두려워할 외		丶 口 曰 田 甲 畏						

厚顔無恥 후안무치

'얼굴 거죽이 두꺼워 자신의 부끄러움도 돌아보지 않는다'라는 뜻으로, 뻔뻔스러워 부끄러워할 줄을 모름을 일컬음.

厚	厚	厚	厚						
두터울 후	一 厂 厍 厚 厚 厚								
顔	顔	顔	顔						
얼굴 안	亠 产 彦 彦 顏 顏								
無	無	無	無						
없을 무	ノ ト 二 缶 無 無								
恥	恥	恥	恥						
부끄러울 치	一 T F E 耳 恥								

興亡盛衰 흥망성쇠

흥하고 망하고 성하고 쇠함. 사람의 운수는 돌고 돌아 늘 변한다.

興	興	興	興						
일 흥	ﾄ 目 팀 冏 嗣 興								
亡	亡	亡	亡						
망할 망	丶 亠 亡								
盛	盛	盛	盛						
성할 성	厂 厉 成 成 盛 盛								
衰	衰	衰	衰						
쇠할 쇠	亠 亠 亠 声 亨 衰								

興盡悲來 흥진비래
'즐거운 일이 다하고 슬픈 일이 닥쳐온다'라는 뜻으로, 세상이 돌고 돌아 순화됨을 가리키는 말.

興	興	興	興					
일 흥	F $日$ $旧$ $网$ $网$ $興$							
盡	盡	盡	盡					
다할 진	$聿$ $聿$ $肃$ $壽$ $壽$ $盡$							
悲	悲	悲	悲					
슬플 비	$丿$ $크$ $非$ $非$ $悲$ $悲$							
來	來	來	來					
올 래	$一$ $十$ $オ$ $卆$ $來$ $來$							

喜怒哀樂 희로애락
'기쁨과 노여움과 슬픔과 즐거움'이라는 뜻으로, 인간이 갖고 있는 온갖 감정을 일컬음.

喜	喜	喜	喜					
기쁠 희	$一$ $士$ $吉$ $青$ $吉$ $喜$							
怒	怒	怒	怒					
성낼 로	$女$ $女$ $如$ $奴$ $怒$ $怒$							
哀	哀	哀	哀					
슬플 애	$一$ $亠$ $亠$ $声$ $哀$ $哀$							
樂	樂	樂	樂					
즐길 락	$白$ $伯$ $納$ $樂$ $樂$ $樂$							